Das große Geschichtenbuch zur

Erstkommunion

Mit farbigen Bildern
von Isabelle Dinter

Gabriel

Inhalt

Von Maike, Herrn Klomm und andere Neuigkeiten

An einem sehr heißen Tag nach den großen Sommerferien kommen Marie und Carita in die dritte Klasse. Marie ist froh, dass sie Carita hat, mit der sie gemeinsam an den neuen Schulbüchern riechen und über den neuen Lehrer reden kann. Er heißt Herr Klomm und ist nicht so nett wie die alte Lehrerin, die sie vorher hatten. Er guckt immer so streng über seine dicke Nase hinweg. Wenn Marie gerade etwas Wichtiges einfällt, was sie Carita schnell ins Ohr flüstern will, dann guckt Herr Klomm sofort zu ihr hinüber und merkt es. »Pssst, Marie!«, sagt er dann, und schon ist es aus mit dem Flüstern. Das macht nicht so viel Spaß.

Als das neue Schuljahr gerade eine Woche alt ist und Marie und Carita die dicke Nase von Herrn Klomm schon in- und auswendig kennen, kommt am Nachmittag ein großer Möbelwagen in die Tulpenstraße gepoltert. Mit einem lauten Quietsch hält er vor dem Haus, das schon so lange leer steht. »Es ist eine Schande, dass dieses schöne Haus leer steht«, hat Maries Vater immer gesagt, »so ein Haus braucht eine Familie!« Und jetzt ist diese Familie endlich gekommen! Denn auf einmal geht die Haustür auf, ein Mann und eine Frau winken den Männern zu, die aus dem Möbelwagen steigen, und plötzlich rennen zwei, drei, vier, fünf Kinder aus dem Haus und springen im Vorgarten herum, in dem das Gras ganz hoch gewachsen ist.

Eine neue Familie zieht in die Tulpenstraße. Marie und Carita stehen hoch oben auf dem Dachboden und beobachten alles durch die Luke.

»Ein Mädchen ist so alt wie wir«, sagt Carita, »die da mit den roten Haaren, siehst du sie?«

Marie nickt. Das Mädchen trägt gerade einen Spiegel aus dem Möbelwagen ins Haus.

»Vielleicht kommt sie ja in unsere Klasse«, meint Marie.

Und tatsächlich! Schon am nächsten Tag kommt Herr Klomm mit dem rothaarigen Mädchen in das Klassenzimmer und sagt: »Kinder, das ist Maike. Sie ist eure neue Mitschülerin. Bitte helft ihr, dass sie sich in der Schule schnell zurechtfindet!«

Maike bekommt den freien Platz rechts neben Carita. Links von Carita sitzt Marie.

»Hey!«, flüstert Carita Maike zu. »Ich habe gesehen, wie ihr gestern eingezogen seid in das leere Haus!«

»Ich auch«, flüstert Marie und beugt sich vor, aber das merkt Maike gar nicht, denn sie sagt irgendwas zu Carita, und das versteht Marie nicht. Und jetzt guckt Herr Klomm streng über seine dicke Nase hinweg, der Unterricht soll beginnen, das sieht man dieser Nase an.

In der ersten Pause zeigt Carita Maike, wo die Toiletten sind. Und in der zweiten Pause zeigt sie ihr, wo das Lehrerzimmer ist und wo man neue Kreide holt. Carita hilft Maike wirklich prima, dass sie sich in der Schule schnell zurechtfindet, genau wie Herr Klomm gesagt hat. Marie möchte Maike auch etwas zeigen, zum Beispiel den kleinen Kiosk vom Hausmeister, dort kann man Kakao kaufen und Gummibärchen, wenn man Geld hat.

Aber Maike sagt: »Den kenn ich schon!«

Nach der Schule geht Maike zu Fuß nach Hause. Carita schiebt ihr Fahrrad nebenher, Marie auch. Maike erzählt von ihrem neuen Hochbett, das ihr Vater ihr gerade baut, und dabei guckt sie nur Carita an, nie Marie. Und Carita macht große Augen und sagt, dass sie Hochbetten ganz toll findet. Marie sagt: »Ich finde Hochbetten nicht so toll.«

Maike geht ins Haus und winkt ihnen zu und macht sich nichts draus, wie Marie Hochbetten findet.

»Aber man kann doch unter einem Hochbett eine Ecke bauen«, meint Carita.

»Ich habe meine Ecke ganz woanders«, sagt Marie, »du weißt ja, wo.«

Am Nachmittag sitzt Marie mit Franz und Lars im Gras am Rand des Fußballplatzes. Dort spielen ein paar große Jungs. Franz und Lars kramen in ihren Schultüten. Sie sind jetzt gerade in die erste Klasse

gekommen. Franz hat eine blau-silbern gestreifte Schultüte, vorne drauf ist ein kleiner Hund aus Filz mit einer langen rosa Zunge. Der sieht aus wie Pipsi, der Dackel von Frau Patronelli. »Das ist mein Wachhund«, sagt Franz.

Er schenkt Marie ein Brausebonbon aus seiner Schultüte. Das Brausebonbon legt man sich auf die Zunge, dort löst es sich mit einem komischen Kribbeln auf, dann bekommt man ganz viel Schaum im Mund, und wenn man den runterschluckt, hat man das Gefühl, dass der Mund innen doppelt so groß ist wie vorher. Es ist ein tolles Brausebonbon.

Da kommt Carita. Sie schiebt den Kinderwagen ihrer kleinen Schwester am Fußballplatz entlang und kommt langsam in Maries Nähe. Auf einmal rennt jemand zu Carita, ganz schnell, mit wehenden roten Haaren. Es ist Maike. Sie bleibt außer Atem bei Carita stehen und schaut in den Kinderwagen. Dann gehen die beiden mit dem Kinderwagen fort. Marie kann sie nicht mehr sehen.

Irgendwie hat sie jetzt keine Lust mehr, hier zu sitzen. Sie geht ins Haus. Dort steht Sonja vor dem Spiegel und kämmt sich.

»Gib mir sofort meine Haarspange wieder!«, sagt Sonja.

Marie ärgert sich. Jetzt muss sie Sonja diese blaue Haarspange zurückgeben, die sie sich heute Morgen heimlich ausgeliehen hat.

Dann geht sie in die Küche. Die Haustür fällt laut ins Schloss. Marie schaut durch das Fenster. Dort steht Alfi mit seinem roten Mofa. Und jetzt kommt Sonja aus dem Haus und steigt hintendrauf und die beiden brausen die Tulpenstraße runter, auf und davon. Das hat Sonja noch nie gemacht!

Marie rennt auf die Straße und sieht ihnen nach. Dort hinten biegen sie um die Ecke – und weg sind sie!

›Das muss ich Carita erzählen!‹, schießt es ihr durch den Kopf, aber dann fällt ihr ein, dass Carita ja gerade mit Maike spazieren geht. Und da hat sie plötzlich gar keine Lust mehr, Carita zu erzählen, dass Sonja mit Alfi auf dem Mofa weggefahren ist. Sie geht die Treppe hinauf in ihr Zimmer und spielt ein bisschen Blockflöte. Es kommt ihr vor, als wären die Töne heute klein und flatterig wie Motten.

Beim Abendessen fragt die Mutter: »Wie gefällt dir denn deine neue Mitschülerin, Marie?«

»Ach, die Maike«, sagt Marie und rührt im Joghurt herum. »Die – na ja.«

»Ich hab ganz viele neue Mitschüler!«, schreit Franz. »Eine ganze Schule voll!«

Die Eltern lachen, sogar Sonja lacht, die sonst immer irgendein Gesicht zieht. Und da ist Marie ganz froh, dass sie nicht mehr von Maike reden muss. Dazu hat sie nämlich gar keine Lust.

Marie ist nicht allein

Ehrlich gesagt mag Marie die neue Maike nicht so besonders gern. Aber das sagt sie niemandem. Noch nicht einmal Carita erzählt sie es, obwohl Carita sonst immer alles aus Maries Leben weiß. Carita ist ja schließlich ihre beste Freundin. Nur in letzter Zeit weiß Marie manchmal gar nicht mehr so genau, ob das noch stimmt. Neulich wollte Marie Carita in der Schulpause erzählen, dass Franz seine ganze Schultüte mit Pflaumen gefüllt hat, bis oben hin, er hat sie alle vom Baum gepflückt und dann in der Schultüte vergessen, und da sind sie faul und schimmelig geworden. Das wollte Marie Carita eigentlich erzählen, aber wer nicht zugehört hat, das war Carita. Sie hat stattdessen zugeguckt, wie Maike mit der linken Hand eine Kuh vorn ins Matheheft gemalt hat. Denn Maike ist Linkshänderin. Und Marie hat gleich wieder gemerkt, wie toll Carita das findet, genauso toll wie Hochbetten und wie alles, was Maike hat, was Maike tut, wie Maike lacht …

Manchmal hat Marie gar keine Lust mehr, in die Schule zu gehen. Zuerst dieser Herr Klomm mit seinem »Pssst, Marie!« und dann auch noch Maike!

Und der Sommer ist auch schon vorbei. Die Sonne verkriecht sich. Gestern hat es den ganzen Tag gestürmt und geregnet, viele Blätter wurden von den Bäumen gerissen, die Kastanien knallten herunter und kullerten durch die Gegend. Hinterher hat die Tulpenstraße ganz anders ausgesehen als vorher, schon richtig herbstlich.

Es gibt aber auch etwas, das gefällt Marie: Pipsi wohnt jetzt bei ihnen zu Hause! Vor einer Woche ist Frau Patronelli nach Italien zu ihrer Kusine in den Urlaub gefahren. Pipsi, ihr Dackel, durfte aber nicht mit. In Italien müssen die Hunde alle Maulkörbe tragen. Das kann Pipsi nicht ausstehen. »Und außerdem kann Pipsi gar kein Italienisch«, hat Frau Patronelli gesagt, »er bellt immer auf Deutsch!« Und dann hat sie gelacht wie ein Truthahn. So ist es gekommen, dass Marie auf Pipsi aufpasst. Sie füttert ihn und geht mit ihm spazieren, und wenn es regnet, muss sie ihm den Regenmantel überziehen, das hat sie Frau Patronelli versprochen.

Marie geht mit Pipsi an der Leine zuerst am Fußballplatz entlang und schaut den Jungs zu, die dort bolzen und Tore schießen. Pipsi bellt wie wild und zieht an der Leine, er möchte am liebsten mitspielen. Marie geht mit ihm dann die Tulpenstraße hinunter. Ganz langsam von Straßenlaterne zu Straßenlaterne, denn überall muss Pipsi schnuppern und sein Bein heben.

Jetzt kommen sie an Maikes Haus vorbei. Unten neben der Haustür ist ein Fenster. Man kann bis ins Zimmer schauen. Man kann sogar genau sehen, wer dort auf dem Sofa sitzt und Fernsehen guckt. Maike und Carita. Und Maikes vier Brüder. Sie essen Salzstangen. Und was man auch noch sehen kann, das ist, was für einen Spaß sie miteinander haben. Sie lachen ziemlich laut. Maike lacht am lautesten.

Marie hat auf einmal das Gefühl, als wäre sie wie Pipsi an einer Leine festgebunden und als würde etwas in ihr ganz kräftig an dieser Leine ziehen, hinein in dieses Zimmer. Ja, am liebsten möchte Marie mitlachen! Sie möchte nicht hier draußen stehen, während Carita und die anderen alle zusammen etwas Lustiges im Fernsehen anschauen.

Marie fühlt sich jetzt so allein wie noch nie in ihrem Leben. Sie geht schnell weiter und zieht Pipsi hinter sich her. »Komm«, zischt sie ihm zu und weiß aber gar nicht, wohin sie so schnell will. Nur weg hier!

Dort ist der Frisör. Und dort der Laden von den Adirs. An der Tür hängt ein Schild: »Wegen Urlaub geschlossen!« Herr Adir hat das Ausrufezeichen riesig groß und gelb gemalt, vor lauter Vorfreude. Denn er und seine Frau sind neulich in die Türkei zu ihrem Sohn geflogen. Sie wollen fünf Wochen wegbleiben. Marie schaut in das leere Schaufenster. Keine Auberginen, keine Walnüsse, keine Tomaten, kein Salat, nichts liegt dort. Und Marie fühlt sich noch mehr allein. Fast ist es so, als sei niemand auf der Welt außer Marie und Pipsi.

In diesem Moment knattert ein Mofa um die obere Ecke, ein rotes Mofa, Alfis Mofa, aber nicht nur Alfi sitzt darauf, sondern auch Sonja. Sie trägt ihren blauen Seidenschal, er flattert im Wind. Jetzt fahren sie an Marie vorbei. Sonja winkt ihr zu, sie macht ein begeistertes Gesicht, so nett hat sie Marie schon lange nicht mehr angeschaut. Und schon sind sie vorbei, der blaue Schal, das rote Mofa – und Marie steht allein mit Pipsi da. Pipsis Zunge hängt ihm weit aus dem Maul. Wie bei Franz' Wachhund auf der Schultüte.

Ist denn überhaupt gar niemand in der Tulpenstraße da, der etwas mit ihr zu tun haben möchte? Sind sie denn alle in der Türkei oder in Italien? Oder gucken sie alle ohne sie fern?

Nein, nicht alle.

Herr Backeberg nicht. Er macht gerade dort oben im ersten Stock sein Fenster weit auf. Und er hört Musik, sehr laut. Herr Backeberg ist vor Kurzem arbeitslos geworden. Jetzt ist er den ganzen Tag zu Hause und tut, was er will. Und meistens will er Musik hören.

Marie zieht Pipsi bis zum Gartenzaun vor dem Haus von Herrn Backeberg. Er winkt ihr zu und schreit: »Hörst du die Musik?«

Marie nickt, na klar hört sie die Musik, die hört doch jeder.

»Grandios, nicht wahr?!«, schreit Herr Backeberg.

Marie weiß nicht, was »grandios« heißt. Sie findet, dass die Opernsängerin singt, als ginge es ihr nicht besonders gut. Vielleicht meint Herr Backeberg das?

»Vielleicht hat sie sich den Magen verdorben!«, schreit Marie zum Fenster hinauf. »So wie Franz neulich, als er alle Lakritzen aus seiner Schultüte auf einmal aufgegessen hat!«

Herr Backeberg sagt nichts, er schließt die

Augen und wiegt seinen Kopf im Takt der Musik hin und her.

»Wo hast du denn Carita gelassen?«, schreit er dann plötzlich und reißt seine Augen wieder auf.

»Nirgends«, murmelt Marie. Sie möchte nicht so gern an Carita denken. Weil sie dann immer gleich auch an Maike denken muss.

»Willst du ein bisschen zu mir hochkommen?«, fragt Herr Backeberg. »Ich zeig dir all meine Musik-CDs. Pipsi kann auch mitkommen.«

Marie schüttelt energisch den Kopf. Nein, sie wird nicht zu Herrn Backeberg gehen, auch wenn er ein netter Mensch ist. Ihr Vater hat gesagt, dass sie niemals mit anderen Leuten mitgehen oder sie besuchen darf. Sie muss immer erst vorher zu Hause fragen. Außer zu Carita, zu ihr darf sie immer. Schon wieder muss sie an Carita denken!

»Allein auf der Welt, was?« Herr Backeberg verschwindet kurz, die Musik geht aus, er kommt wieder ans Fenster und beugt sich weit heraus. Dann flüstert er etwas, das Marie nicht versteht.

»Hä?«, macht Marie.

Herr Backeberg flüstert es noch mal, dieses Mal etwas lauter: »Ich auch!«

Da merkt Marie, wie sich ein großer Kloß unten im Hals bildet, einer, den man schlecht runterschlucken kann. Er schmeckt einfach nicht. Die Tränen steigen ihr in die Augen, sie sagt: »Carita spielt jetzt immerzu mit Maike!« Und dabei stampft sie mit dem Fuß auf, so heftig, dass Pipsi erschrocken zur Seite hüpft.

Herr Backeberg nickt und rauft sich die Haare. Sie stehen jetzt wild nach allen Seiten ab. Jetzt flüstert er wieder etwas. Warum flüstert er denn immer? Vorhin hat er doch so laut geschrien! Marie wundert sich ein bisschen über Herrn Backeberg, aber sie spitzt ihre Ohren und versteht sogar, was er da flüstert: »Aber wir sind nicht allein!« Er zeigt mit dem Finger nach oben zum Himmel.

Gott, fällt Marie jetzt ein, Gott ist da.

»Ich habe ganz vergessen, dass Gott ja auch noch da ist!«, ruft Marie. Und dann rennt sie die Tulpenstraße hinunter, mit Pipsi an der Leine, dem die Zunge aus dem Maul hängt. Das sieht aus, als würde er lachen. Und Marie fühlt sich auf einmal nicht mehr so allein

Die Erstkommunionbande von Pfarrer Dachs

Morgen haben wir Erstkommunion. Und gestern, da haben wir etwas angestellt, etwas ganz und gar … Aber das wird jetzt der Reihe nach erzählt. Denn das ist eine längere Geschichte! Hört gut zu.

Zuerst mal muss sich unsere Bande vorstellen, damit ihr wisst, mit wem ihr es zu tun habt. Wir sind die Erstkommunionbande von Pfarrer Dachs.

Pfarrer Dachs ist aber nicht unser Anführer. Wir lassen uns nämlich von niemandem anführen. Wir bestimmen alles selbst. Denn Pfarrer Dachs hat gesagt: »Ihr habt einen eigenen Kopf. Lasst euch den von niemandem wegnehmen. Ihr habt nur einen!« Und deswegen durften wir bei ihm im Kommunionunterricht auch immer ganz viel mitreden und unsere Meinung sagen. Und seitdem haben wir überhaupt erst kapiert, was das ist, eine eigene Meinung. Es macht viel Spaß, eine zu haben, erst recht, wenn die der anderen Kinder ganz verschieden ist. Dann geht es wild zu. Und Pfarrer Dachs hat das geduldig ausgehalten. »Ihr seid mir eine Bande!«, hat er immer gesagt.

Und natürlich hat er uns auch gesagt, was in seinem eigenen Kopf drin ist. Er hat uns all diese spannenden Geschichten von König David, Mose und Abraham erzählt und ein bisschen was über die Kirche und viel von Gott. Wir haben alles Wichtige gelernt. Aber das glauben die Leute aus der Gemeinde wohl nicht so recht. Sie denken immer, dass Pfarrer Dachs uns nicht die richtigen Dinge beibringt. Aber das stimmt nicht. Wir wissen genau, warum wir zur Erstkommunion gehen und was das alles bedeutet. Wenn man einen eigenen Kopf hat, geht man doch nicht einfach so und ganz dumm dorthin. Da will man doch wissen, was man tut und warum.

Wenn die Erwachsenen denken, wir sind so blöde und machen nur nach, was sie uns in der Kirche vormachen, irren sie sich eben. Dann sollen sie uns doch fragen, was wir alles von Pfarrer Dachs gelernt haben. Aber das tun sie nicht. Stattdessen denken sie falsch über Pfarrer Dachs und glauben das auch noch. Und nur, weil er anders ist als die anderen Pfarrer und weil er so lustige Ideen hat.

Vor allem seitdem er einen Papagei hat, sind die Leute gar nicht mehr mit ihm einverstanden.

Pfarrer Dachs' Papagei heißt Linda und sitzt manchmal auf seiner Schulter, wenn er uns unterrichtet. Linda ist bunt und nett, aber dumm, denn sie sagt alles nach, was man ihr vorsagt.

Die Küsterin ist einmal in die Gruppenstunde gekommen, um Pfarrer Dachs etwas zu fragen. Da hat sie gesehen, dass sein Papagei auf seiner Schulter saß und alles nachgeplappert hat.

Das hat sie dann wohl gleich allen erzählt. Und keiner außer unserer Bande hat verstanden, was der Papagei da sollte. Alle haben dem Pfarrer Dachs heimlich den Piepvogel gezeigt. »So ein Unfug. Jetzt übertreibt er aber«, haben sie gesagt.

Dabei war es doch ganz anders. Pfarrer Dachs hat uns an dem Tag nur einen großen Unterschied beigebracht. Den Unterschied zwischen Ja-Sagen und Ja-Nachplappern. Und den zwischen Nein-Sagen und Nein-Nachplappern. Linda hat das prima vorgemacht. Seitdem wissen wir noch besser, was wir bei der Erstkommunion eigentlich tun. Und nicht nur da.

Aber die Leute sind nur noch misstrauischer geworden. Und dann ist das Unglück passiert.

Pfarrer Dachs ist vom Birnbaum gefallen. Er wollte einen Starenkasten an einem Ast anbringen und ist oben im Baum herumgeklettert. Und dann ist er heruntergefallen und hat sich beide Arme gebrochen. Das war letzte Woche. Und jetzt trägt er eine Gipsschiene, rechts und links.

»Nun wird eure Erstkommunion vielleicht eine etwas steife Angelegenheit. Aber das macht nichts. Darauf kommt es nicht an!«, sagte Pfarrer Dachs, als er mit seinen beiden Gipsarmen die letzte Gruppenstunde hielt.

Da klopfte es an die Tür. Herein kamen zwei Männer aus der Gemeinde, Herr Meier und Herr Ruder, und ein fremder Mann.

»Guten Tag, Herr Pfarrer!«, sagten sie. Sie schüttelten ihm nicht die Hand, denn das ging ja nicht.

»Wir denken, Sie können mit Ihren Armen die Erstkommunion doch gar nicht richtig abhalten, Herr Pfarrer«, sagte Herr Ruder. »Und da haben wir für Ersatz gesorgt, Herr Pfarrer. Dies ist Pfarrer Kahl aus der Stadt, Herr Pfarrer. Er wird Sie am Sonntag gut vertreten, Herr Pfarrer.«

Herr Pfarrer, Herr Pfarrer – das klang wie der Papagei. Wir konnten uns ein Kichern nicht verkneifen. Aber dann wurden wir ganz still. Was hatte der gesagt? Ein anderer als Pfarrer

Dachs sollte unsere Erstkommunion halten? Und wir wurden gar nicht gefragt?

»Nein, Pfarrer Dachs kann seine Arme trotzdem benutzen!«, rief einer aus unserer Bande.

»Nicht dazwischenreden, ohne sich zu melden, Kinder!«, rief Herr Meier ärgerlich.

Und so kam es, dass Pfarrer Dachs einfach ersetzt werden sollte. Er ging nach der Stunde ganz still aus dem Raum hinaus. Wir verkrümelten uns draußen auf dem Kirchplatz und strengten unsere Köpfe unheimlich doll an, um eine Lösung zu finden für den Fall. Denn eins war klar: Für unsere Erstkommunion kam kein anderer infrage als Pfarrer Dachs!

Schließlich hatte Timo die rettende Idee. Und die haben wir gestern in die Tat umgesetzt. Wir sind alle zu Timos Onkel gegangen, der Chefarzt in der Unfallklinik ist. Und weil er Timos Patenonkel ist, kann er ihm keinen Wunsch abschlagen. Und er hat jedem von uns wunderschöne Gipsarme verpasst, rechts und links. Das hat ganz schön lang gedauert. Aber endlich waren wir alle so weit. Jetzt musste das Zeug nur noch gut trocknen. Als wir genug gelacht hatten – denn es sah so komisch aus! –, gingen wir wie eine Bande von Armbrüchigen zu den Gemeindemännern

und zur Küsterin, die gerade in der Kirche die Erstkommunion vorbereiteten.

Wir gingen den langen Mittelgang entlang bis nach vorn zum Altar. Die Küsterin stellte gerade Blumen in die Vase. Herr Meier kam aus der Sakristei. Und da sahen wir auch Pfarrer Kahl. Der sah uns als Erstes. Er guckte nur. Herr Meier auch. Sie waren so verblüfft, dass sie gar nichts zu sagen wussten. Da drehte sich die Küsterin um.

»Du heiliger Klopstock!«, rief sie und ließ die Schere fallen.

Unsere ganze Bande stand da mit blauen Armen.

Und Timo sagte ganz mutig: »Wir haben alle auch Gipsarme. Da kann Pfarrer Dachs ruhig unsere Erstkommunion halten!«

Pfarrer Kahl nickte uns freundlich zu und machte sich aus dem Staub.

Herr Ruder kam die Treppe von der Empore runtergetrampelt, sodass die ganze Kirche erzitterte. So laut dürfen wir nie sein. Er schwenkte seine heilen Arme, als er durch den Mittelgang zu uns nach vorn lief, und rief: »Aber Kinder, das geht doch nicht, ihr könnt doch nicht!«

Aber wir konnten doch! Und ob wir konnten!

Und dann gingen wir zu Pfarrer Dachs. Er machte die Tür auf. Linda saß auf seiner Schulter und sagte ganz von selber: »Tag! Tag!«

Pfarrer Dachs brach in schallendes Gelächter aus, als er uns da stehen sah. Er warf seine Gipsarme in die Höhe, sodass Linda erschrocken mit den Flügeln flatterte.

»Wir wollten Ihnen nur sagen, dass Sie die Erstkommunion halten können. Wir haben alles geregelt«, sagten wir ihm.

»Das freut mich aber!«, rief Pfarrer Dachs begeistert.

»Freut mich! Freut mich!«, krächzte Linda.

Und dann haben wir alle zwei Eis bei ihm in der Wohnstube gegessen, in jeder Hand eines. Man kann nämlich mit Gipsarmen noch allerhand tun.

Als Nodi neu war

Früher war ich ein Einzelkind. Da gab es in unserem Haus nur Papa, Mama und mich, Karin. Natürlich habe ich immer ganz viele andere Kinder zum Spielen eingeladen und dann habe ich so getan, als wären sie alle meine Geschwister. Aber abends musste ich dann allein in die Badewanne und da spätestens ist mir wieder eingefallen, dass ich ja Einzelkind bin.

Manchmal war es aber auch schön, so viel Platz für mich allein zu haben. Nicht nur in der Badewanne, auch sonst. Und dass Papa und Mama nur mir zuhören mussten und nicht auch noch einem Geschwisterchen, hat mir auch gefallen. Ihre Ohren sind sowieso nicht so groß, wie sie sein sollten. Sie reichen manchmal noch nicht mal für mich aus.

Aber trotzdem! Ich wollte einfach kein Einzelkind sein. Ich wollte jemand genauso Kleines wie mich haben, der auch bei uns zu Hause wohnt, und zwar immer, und der das gleiche Geschirr benutzt wie ich, die gleichen Eltern hat und das gleiche Klo und so. Und dass ich so jemanden nicht hatte, das hat mich traurig gemacht.

Alle, alle haben Geschwister, nur ich nicht, habe ich gedacht. Sogar die Bäume haben welche! In unserer Straße stehen nämlich Bäume, die sind Geschwister, das weiß ich. Denn sie haben alle dieselbe Rinde: braun und schrumpelig mit ganz vielen tiefen Schrammen. Es sind Eichen, sagt Papa. Die Eichen fassen sich an den Händen, an ihren Ästen meine ich, und stehen so zusammen da. Und wenn sie Blätter tragen, winken sie sich zu. Und im Herbst bewerfen sie sich gegenseitig mit Eicheln, aus Spaß und weil sie Geschwister sind. Es muss so Spaß machen, Geschwister zu haben, habe ich gedacht.

Und eines Tages haben Mama und Papa dann Nodi zu uns geholt. Er hat in einem Kinderheim gewohnt, weil er keine Eltern hat. Nodi ist mein kleiner Bruder geworden. Er wohnt richtig mit uns, hat den gleichen Nachnamen wie ich. Mama und Papa sind seine Eltern geworden und ich bin seine Schwester. Adoptiert nennt man das. Er war ein Jahr alt, als wir ihn geholt haben. Jetzt ist er vier und ich bin schon neun. Er ist also immer noch klein, während ich neulich schon Erstkommunion hatte. Aber man kann schon was mit ihm anfangen.

Als er noch ganz neu war, habe ich ihn im Kinderwagen herumgeschoben. Alle Leute sollten ihn sehen und so staunen wie ich!

Schaut her, das ist Nodi, mein Bruder, hätte ich am liebsten laut gerufen.

Nodi saß da und guckte mit seinen großen Augen herum. Knuffig sah er aus, wirklich. Und so neu. Und außerdem ist Nodi ja schwarz. Das habe ich ganz vergessen zu sagen. Ja, er hat eine schwarze Hautfarbe. So wie ich eine weiße habe.

Also, ich bin mit ihm unter den Eichenbäumen spazieren gegangen. Die Straße hinauf und wieder hinunter. Weiter durfte ich noch nicht. Ich war da ja erst acht Jahre alt. Da kam uns eine alte Frau entgegen. Sie hatte einen Gehstock. Als sie bei mir und Nodi angelangt war, blieb sie stehen, schaute Nodi an und klopfte mit dem Stock auf den Boden und rief: »Nein, wie goldig! Wie goldig!«

Dann fragte und fragte sie lauter Sachen. Ich weiß gar nicht mehr, was, aber sie wollte alles wissen von Nodi, woher er kam und alles. Ich habe gesagt, was ich wusste, und sie hat immerzu mit ihrem Stock auf den Boden geklopft und Nodi angeschaut – und mich gar nicht.

Und als sie weiterging, kam gleich noch jemand, ein alter Mann. Der blieb auch stehen und hat auch ganz viel gefragt und Nodi angeguckt. Und danach wieder eine Frau. Und wieder nur Nodi, Nodi, Nodi. Und manche haben mir Süßigkeiten gegeben. Aber eigentlich gar nicht mir, sondern ich sollte damit Nodi füttern. So war das und so hatte ich mir das nicht vorgestellt.

Was, wenn er jetzt immer wichtiger war als ich? Und was, wenn auch Mama und Papa ihn lieber mochten als mich? Er war so neu und schwarz – und ich war alt und weiß.

Ich blieb stehen und aß erst mal alle Süßigkeiten allein auf. Nodi schlief. Ich schaute ihn an und seine Haut. Und dann guckte ich zu den Eichen. Und ich dachte: ›Nodi ist ja gar kein richtiges Geschwisterchen. Er hat ja eine ganz andere Rinde als ich.‹

Vielleicht könnte ich mir Schuhcreme ins Gesicht schmieren wie an Fasching, dann wäre ich auch schwarz, überlegte ich. Aber ob Papa und Mama mich dann noch erkennen würden? Sicher nicht! Und dann würden sie mich vielleicht in das Kinderheim tun, aus dem wir Nodi geholt hatten.

›Das Beste wäre, ich lasse Nodi hier einfach stehen‹, dachte ich. ›Er ist ja so goldig. Es wird schon jemand kommen und ihn mitnehmen.‹

Es war gar nicht so einfach, ohne Nodi weiterzugehen. Immerhin war er schon mein Bruder. Ich machte deswegen die Augen zu und versuchte ganz doll, ihn zu vergessen. Aber er fiel mir sofort wieder ein. Ich ging trotzdem los, mit geschlossenen Augen.

Und mit winzigen Schritten. Nodi, Nodi, Nodi, dachte etwas in meinem Kopf.

Und – peng! –, da stieß ich gegen einen Baum. Ich machte die Augen auf und sah, dass ich nicht weit gekommen war. Nodi saß da in seinem Wagen und schlief immer noch.

Jetzt machte er seine Augen auf. Wir schauten uns an. Und da sah ich, dass er mich wirklich schon ein bisschen kannte. Er verzog nämlich sein Gesicht, als hätte er Hunger und wüsste, dass ich ihm alles weggefuttert hatte. Und er fing an zu weinen.

Und ich auch. Wir weinten beide, und zwar immer lauter. Ich nahm den Wagen und lief so schnell ich konnte mit Nodi nach Hause. Nodi schrie wie am Spieß.

»Was ist denn passiert, Karin?«, wollte Mama wissen, die uns die Haustür aufmachte.

Da habe ich ihr alles erzählt. Auch, dass ich Nodi stehen lassen wollte.

Sie nahm Nodi auf den einen Arm und mich auf den anderen. Und da habe ich zum ersten Mal gemerkt, dass sie ja zwei Arme hat, und Papa auch. Für jedes Kind einen ganzen Arm. Seither weiß ich: Das reicht.

Laura und Dominik

Laura gähnt. Ins Klassenzimmer der 2b scheint die Septembersonne. Wespen torkeln gegen die Fensterscheiben, immer wieder so ein kleiner, dumpfer Aufprall. Auch die Wespen sind müde. Noch ein paar Wochen, dann ist ihre Zeit um. Nur die jungen, starken Königinnen werden den Winter überleben, in irgendwelchen Schlupfwinkeln, und im nächsten Frühjahr ein neues Wespenvolk gründen.

»Die armen Wespen«, murmelt Laura.

Dominik, ihr Banknachbar, schüttelt den Kopf. »Wieso arm?«, fragt er, während er Hefte und Bücher in die Schultasche packt.

»Weil sie bald sterben müssen«, sagt Laura. »Sie haben Frühling, Sommer und einen halben Herbst. Mehr nicht.«

Dominik zuckt die Schultern.

»Tun sie dir nicht leid, Dominik?«

»Die Wespen? Nein. Die toten Menschen gestern im Fernsehen, die tun mir leid«, sagt Dominik. »Sogar ein Baby war dabei. Das hat nicht einmal so viel Zeit wie die Wespen gehabt. Die Autobombe vor dem Supermarkt und krach, wumm, tot waren sie.«

Laura erschrickt. »Das hast du gesehen?«

»Ja. Und dann hab ich lang nicht einschlafen können.«

Laura denkt nach.

Sie hat keine Nachrichten gesehen, gestern Abend. Auch nicht am vorletzten und vorvorletzten Abend. Immer ist dem Papa irgendetwas eingefallen, was er mit Mama und Laura gerade dann unternehmen wollte, wenn andere Leute vor

dem Fernseher sitzen: Kürbiskerne rösten zum Beispiel. Laura mag es, wenn die grünen Kerne in der Pfanne zu hüpfen anfangen. Und wie sie dann knistern, während sie auskühlen. Wer gute Ohren hat und den Atem anhält, kann das Knistern eine Weile hören.

Oder ein Gartenrundgang: Papa geht mit Mama und Laura in den abendlichen Garten, um nachzusehen, ob die Nachtkerzen noch blühen. Vierzehn gelbe, duftende Blüten hat Laura gezählt und gegen die Mama gewonnen, die nur zehn gefunden hat.

Noch ein Beispiel, was Papa lieber tut als mit Mama und Laura Nachrichten gucken: dem Daniel vorsingen, damit der dann, wenn er geboren wird, Papas und Lauras Stimmen wiedererkennt. Daniel ist noch in Mamas kugelrundem Bauch und pufft und knufft Mama von innen. Wenn Papa und Laura ihm etwas vorsingen, pufft und knufft er stärker und die Mama lacht, drückt die Hände auf die Bauchkugel und sagt: »Nicht so wild, du Lauser!« Letzte Woche durfte Laura zu Mamas Arzt mitgehen und das Geschwisterchen auf dem Bildschirm betrachten. Daniels Zipfelchen war deutlich zu sehen.

Manchmal ist Laura auf Daniel nicht so gut zu

sprechen. Weil er die Mama müde macht. »Spiel allein«, sagt die Mama dann zu Laura. »Du bist doch schon groß. Geh ins Baumhaus. Oder zur Oma rauf. Ich will Ruhe haben!«

Papa will auch, dass Mama Ruhe hat. Sie soll sich schonen und sie soll sich nicht die traurigen Bilder im Fernsehen anschauen. Später, wenn Laura und Mama in ihren Betten liegen, sitzt Papa allein vor dem Fernsehgerät. Blauer Lichtschein flimmert unter der Tür und ab und zu, wenn Laura noch munter ist, kann sie Papa brummen hören. »Gottverdammte Sauerei«, brummt er oder so ähnlich.

»Du, Dominik«, sagt Laura zu ihrem Banknachbarn. »Weißt du was? Ich glaube, mein Papa hält mich mit Tricks vom Fernsehen ab.«

»Ja, der ist ein Softi«, sagt Dominik, »und deshalb bist du so blöd und bedauerst die Wespen.« Er schwingt die Schultasche auf seinen Rücken und will mit Vanessa, Karim und Achmed aus der Klasse gehen. Sedat und Hassan sind schon gegangen.

»He!«, ruft Laura und hält Dominik am Ärmel fest. »Bleib! Wir haben noch Religion!«

»Mir egal«, sagt Dominik, »ich pfeif drauf.«

Achmed und Karim, Sedat und Hassan sind Muslime. Sie nennen Gott »Allah«, das weiß Laura von Karim, und sie haben ihre eigene Religionsstunde am Nachmittag. Vanessa ist von ihren Eltern vom Religionsunterricht abgemeldet worden. Auch sie kann eine Stunde früher nach Hause gehen. Nun dreht sie sich zu Dominik um. »Komm. Der Italiener hat noch offen. Gehen wir auf ein Eis!«

»Nein«, sagt Dominik. »Ich bin pleite. Ich laufe gleich heim, da hab ich eine Stunde meine Ruhe, bevor die Mutter die Zwillinge aus dem Kindergarten holt.«

»Du kannst nicht einfach abhauen!«, schreit Laura.

»Und ob ich kann«, sagt Dominik. »Ich will heute nichts von Gott hören. Es reicht mir. Entweder hat er zugeschaut, wie das Baby und alle anderen sterben, oder es gibt ihn nicht.«

Vanessa nickt. »Das sagen meine Eltern auch. Komm jetzt, Dominik, ich hab Geld für zwei Eis.«

»Weißt du«, sagt Dominik zu Laura. »Ich hab Gott so oft um was gebeten. Aber nie hat er sich darum gekümmert. Wahrscheinlich gibt es ihn wirklich nicht.« Er schlüpft mit Vanessa aus der Klasse, genau in dem Augenblick, als Frau Brucker hereinkommt, die Religionslehrerin.

Laura rennt zum Fenster. Sie hört nicht, was

Frau Brucker sagt. Sie wartet, bis sie Dominik und Vanessa auf der Straße sieht. Vanessa geht mit schnellen Schritten nach links, Richtung Eissalon, ihre Haarschöpfe wippen und hüpfen. Dominik trottet mit hängendem Kopf nach rechts, er hat es nicht weit nach Hause, er muss nicht einmal eine Straße überqueren.

»Laura, willst du uns die ganze Stunde den Rücken zukehren?«, ruft Frau Brucker.

Laura schaut zur Tafel. Frau Brucker hat mit goldgelber Kreide ein Dreieck gezeichnet. Im Dreieck liegt ein Auge und von den Außenseiten des Dreiecks laufen Strahlen weg. »Wer hat dieses Zeichen schon einmal gesehen?«, fragt die Lehrerin. »An alten Häusern oder in einer Kirche?«

Niemand kann sich erinnern.

»Es ist ein Zeichen für Gott«, erklärt Frau Brucker. »Gott ist unsichtbar, man kann ihn nicht abzeichnen oder fotografieren, darum haben sich die Menschen Bilder für ihn ausgedacht. Dies hier soll das Auge Gottes bedeuten. Gott sieht uns und ist immer bei uns.«

Laura fühlt einen Knoten im Hals.

Die anderen Kinder zeichnen in ihren Heften. Julia borgt sich bei Laura den goldenen Stift aus. Auch Alexander will goldene Strahlen um das Au-

ge Gottes malen. Er schimpft mit Julia, weil sie so langsam zeichnet.

»Wo ist Dominik?«, fragt Frau Brucker.

»Abgehauen«, sagt Julia. »Einfach so.«

»Ohne Entschuldigung?«, fragt Frau Brucker. »Ohne Erlaubnis? Und warum?«

Julia zuckt die Schultern. »Vanessa hat ihn auf ein Eis eingeladen.«

Laura spürt, wie ihr heiß wird. Irgendetwas müsste sie jetzt sagen. Aber was?

»Das wird ein Nachspiel haben!«, sagt Frau Brucker verärgert.

Gott, denkt Laura, ich hab einen Tipp für dich: Du musst dich um Dominik kümmern. Damit er weiß, dass es dich gibt.

»Gibt es Gott?«, fragt Laura laut.

»Wie bitte?«, fragt Frau Brucker.

Julia kichert.

»Dominik ist nicht sicher, ob es Gott gibt«, sagt Laura. »Oder, wenn es ihn gibt, dann versteht Dominik nicht, dass Gott kleine Kinder durch Autobomben sterben lässt.«

»Oh …«, murmelt Frau Brucker. Sie setzt sich neben Laura auf den Tisch und überlegt wohl, was sie antworten soll. In der Klasse ist es still geworden.

»Gott hat die Autobombe nicht gemacht«, sagt Frau Brucker. »Menschen mit bösen Absichten haben die Autobombe gemacht.«

»Gott hat zugesehen«, sagt Laura.

»Ja …«, sagt Frau Brucker. »Das ist schwer zu verstehen. In jedem Menschen steckt Gutes. In jedem Menschen kann auch Böses stecken. Manche Menschen tun mehr Böses als Gutes. Und doch lässt Gott sie auf der Erde leben. Er lässt für sie alle die Sonne scheinen und Fische im Meer schwimmen und Pflanzen wachsen. Er hat so großen Respekt vor der Freiheit des Menschen, dass er es zulässt, dass manche Menschen böse Dinge tun.«

Laura schüttelt den Kopf. »Aber die Kinder, die wegen solcher Bomben sterben?«

»Oder die verhungern«, sagt Alexander. »Es verhungern ja so viele. Gott tut nichts dagegen.«

»Doch! Er gibt uns die Möglichkeit zu helfen«, sagt Frau Brucker. »Er macht, dass wir teilen können – wenn wir wollen. Dass wir zuhören können. Dass wir nachdenken, warum manche Menschen so geworden sind. Dass wir miteinander reden – wenn wir wollen.«

»Gut«, sagt Laura und steht auf. »Dann geh ich jetzt zu Dominik nach Hause und schau nach, wie es ihm geht.«

»Jetzt?«, fragt Frau Brucker. »Tu das nach der Schule, es ist eine gute Idee!«

»Nein, jetzt auf der Stelle!«, sagt Laura und schiebt das Religionsheft in die Schultasche.

»Also, ich weiß nicht«, sagt Frau Brucker. »Ich kann dich nicht mitten in der Stunde entlassen, wenn deine Eltern nichts davon wissen. Ich habe meine Vorschriften.«

»Gehen Sie mit«, sagt Laura. »Sie und alle Kinder.«

»Nein, nein, da muss ich vorher den Schulleiter fragen …«

Laura steht schon an der Tür. »Ich will jetzt gehen«, sagt sie. Und im Nu ist sie draußen in der großen Pausenhalle, hört gerade noch das aufgeregte Murmeln aus der Klasse, läuft die Stufen hinunter zum Schultor.

»Nanu?«, ruft der Hausmeister vom Kiosk her. »Bist du nicht die Laura aus der 2b? Wohin so eilig noch vor dem Schlussläuten?«

»Zu Dominik«, keucht Laura. »Ihn trösten, irgendwie …«

»Oh, den Dominik. Und wie willst du das tun?«, fragt der Hausmeister.

Laura dreht sich zu ihm um. Er hat einen kleinen grauen Schnurrbart und freundliche Augen. »Ehrlich gesagt, ich hab keine Ahnung wie … Herr Kauz.«

»Fang auf!« Er wirft Laura einen großen roten Apfel zu. »Es ist ein Trostapfel. Ich würde sagen, ein spezieller Trostapfel für traurige oder zornige Kinder. Ich hab im Geheimen ein paar gute Wünsche über ihn gemurmelt.« Er schmunzelt, schaut Laura noch einmal aufmerksam an und flüstert: »Geh langsam und vorsichtig und atme dabei tief. Trostäpfel muss man behutsam tragen, damit sie ihre Wirkung haben.«

»Sie sind ein Spaßmacher, Herr Kauz«, sagt Laura.

Aber dann geht sie doch ganz langsam bis zu dem alten, großen Haus, in dem Dominik mit seiner Familie wohnt. Sie geht durch einen grauen gepflasterten Hinterhof und kommt in einen kleineren, mit spärlichem Gras bewachsenen Hof. Dominik wohnt im Erdgeschoss. Laura weiß, welches Fenster zu Dominiks Zimmer gehört, das er mit den Zwillingsschwestern teilt. Sie stellt sich auf die Zehenspitzen und klopft ans Fenster.

Nach einer Weile macht Dominik das Fenster auf. »Du?«

Laura legt den Apfel auf das Fensterbrett. »Für dich! Bist du noch allein?«

»Ja.«

»Dann will ich dich nicht stören. Tschüss, bis morgen.«

Sie geht und schaut nicht zurück. Das Gras macht ihre Schritte lautlos. Sie kann hören, wie Dominik krachend in den Apfel beißt.

Wo hält sich das Glück versteckt?

Julia und ich sind Zwillinge. Im Gesicht sehen wir genau gleich aus. Und wir sind auch gleich groß und gleich dünn. Aber sonst sind wir ganz und gar verschieden. Wie Tag und Nacht, sagt Mama. Und wir können uns prima streiten. Dann kratzt Julia mich und ich schlage meine Zimmertür ganz laut zu.

Aber in einer Sache waren wir uns früher immer einig: Wir wollten später, wenn wir groß sind, ganz reich sein. Das ist jetzt nicht mehr so. Aber früher stellten wir uns oft vor, wie es wäre, viel, viel Geld zu haben. Was man dann alles kaufen und machen könnte!

»Ich möchte ein großes Haus mit vielen Balkons und kleinen Türmchen haben«, sagte Julia. »Und ein Pferd und eine Taucherausrüstung und eine Segeljacht und so.«

»Und ich möchte ein eigenes Flugzeug haben,

mit dem ich um die ganze Welt reisen kann. Und überall kaufe ich mir Ferienhäuser. Dann bin ich überall zu Hause.« So habe ich gedacht.

Natürlich wollten wir auch den anderen Menschen mit unserem Geld Gutes tun, Geschenke verteilen und eine Harry-Potter-Zauberschule für Kinder einrichten. Aber vor allem dachten wir an viele schöne Kleider und glitzernde Perlenketten. An all das, was Mama nicht hat und Papa nicht und Julia und ich erst recht nicht.

Papa ist arbeitslos und Mama sitzt im Supermarkt an der Kasse und verdient nicht viel.

Deswegen haben Julia und ich auch so wenig Taschengeld. Wir verraten niemandem in der Schule, wie wenig das ist, wir tun einfach so, als hätten wir genug.

Eines Tages kam ein neues Mädchen in unsere Schulklasse, Barbara. In der Pause hat sie mit einem winzig kleinen Handy telefoniert, das ihr ganz allein gehört. Sie hat da jemanden gefragt, was es heute zum Mittagessen gibt. Aber das hat ihr wohl nicht gefallen, denn sie sagte: »Nein, ich will aber Pfannkuchen!« Und als sie dann aufhörte zu telefonieren, sah man ihrem Gesicht an, dass es heute also Pfannkuchen geben würde.

Barbaras Eltern sind so reich, das kann man gar

nicht beschreiben. Julia und ich haben es gesehen, denn wir waren schon bei Barbara zu Hause zum Spielen eingeladen. Barbara hat alles und darf alles und ihr Haus ist so wie im Fernsehen. Sie haben sogar ein Schwimmbad im Keller.

»Ich werde mir später auch ein Schwimmbad einbauen lassen«, sagte ich beim Abendessen nach dem Besuch bei Barbara.

»Geld bringt kein Glück!«, sagte Papa.

»Aber du ärgerst dich doch, dass du keins hast!«, sagte Julia.

»Ich möchte gern arbeiten und Geld verdienen, aber Glück ist was anderes«, sagte er.

»Was denn?«, fragte ich. Und jetzt war ich neugierig.

»Morgen ist Sonntag«, sagte Papa. »Morgen gehen wir auf die Suche nach dem Glück, das man nicht kaufen kann!«

Und das haben wir dann gemacht. Und stellt euch vor, wir haben es sogar gefunden! Aber wenn ihr jetzt denkt, dass das Glück soundso aussieht und dass man es da und da findet, dann irrt ihr euch gewaltig. Das Glück hält sich nämlich immer versteckt. Und doch kann man es finden.

Wir sind also am nächsten Morgen gleich nach dem Frühstück losgegangen, alle zusammen.

»Erst mal immer der Nase nach«, schlug Papa vor. Also gingen wir geradeaus die Straße hoch, dann in den Park. Da sind wir herumgelaufen, einmal um den Teich und haben geguckt und gesucht. Aber vom Glück keine Spur. Und dann hat es auch noch angefangen zu regnen. Wir gingen zum Kiosk und haben uns untergestellt. Mama hat uns ein Eis spendiert. Es hat gut geschmeckt, aber nicht nach Glück.

Da zeigte Papa auf eines der Hochhäuser in der Ferne und sagte: »Mein großer Zeh juckt so, als müsste ich da hinaufsteigen.«

Wir kicherten und machten uns auf den Weg. Das Hochhaus gehört einer Bank und für einen Augenblick dachte ich, Papa würde sich da jetzt doch Geld holen, um sich was Schönes zu kaufen. Aber die Bank hatte sonntags für alle eine bestimmte Tür geöffnet, durch die man zu einem Fahrstuhl kam. Und mit dem sind wir ganz hoch hinaufgefahren – bis fast zum Himmel.

Es gab hier eine Plattform mit gläsernen Wänden, durch die man über die ganze Stadt sehen konnte, bis hin zu den Bergen.

»Diese weite, weite Welt!«, rief Papa. »Das ist für mich Glück, das alles von hier oben zu sehen!« Er sah wirklich glücklich aus in dem Moment und ich

gebe zu, dass der Ausblick hier oben bombastisch war. Aber mein großer Zeh sagte mir, dass Glück für mich etwas anderes ist.

Wir liefen dann den ganzen Tag in der Stadt herum und haben weitergesucht. Das hat Spaß gemacht. Aber wo hielt sich mein Glück versteckt?

Julia hat ihres im Park gefunden auf dem Heimweg. Es hatte aufgehört zu regnen, die Sonne glitzerte im Teich und Julia blieb stehen, bückte sich und hob einen großen Stein auf. Es wimmelte darunter von lauter kleinen Tieren, die ganz aufgeregt waren, weil die Sonne sie wohl kitzelte. Das gefiel Julia sehr. Sie konnte gar nicht genug daraufstarren und schließlich sagte sie: »Das ist mein Glück!«

Das konnte ich gar nicht verstehen. Solches Kleinvieh ist doch kein Glück. Typisch Julia.

Mama und ich hatten immer noch keines, aber wir waren so müde, dass wir doch heimwollten.

»Ich habe jetzt so richtig Hunger auf Spaghetti«, rief Mama. »Das ist für mich jetzt das größte Glück der Welt, dass wir noch welche im Haus haben!«

Sie hat uns leckere Spaghetti gemacht und wir haben sie bei Kerzenlicht gegessen. Das war sehr schön, vor allem für Mama.

Jetzt war ich die Einzige, die noch kein Glück gefunden hatte.

»Vielleicht ist es für mich eben doch das Geld«, sagte ich und dachte an Barbara.

»Manchmal muss man auf das Glück auch warten«, meinte Papa und nahm einen großen Schluck Bier.

Als ich abends im Bett lag, war ich gar nicht unglücklich, im Gegenteil.

»Ich hab's!«, rief ich und setzte mich auf.

»Was denn?«, murmelte Julia, die schon fast schlief.

»Ich bin glücklich darüber, dass wir heute losgegangen sind, um das Glück zu suchen!«, sagte ich. »Und ich bin so froh darüber, dass man das Glück nicht kaufen kann. Denn dann werde ich meins bestimmt auch noch finden.«

Und dann schlief ich ein und träumte – ratet mal wovon.

Das geliehene Pferd

Drei Jungs, zwei Fahrräder. Das ist blöde. Denn das heißt ja, dass Max nicht mit in den Wald reiten kann. Denn wer kein Fahrrad hat, hat auch kein Pferd. Und ein Pferd braucht man schließlich als Indianer. Es reicht nicht, dass man nur das riesige Farnkraut mit dem Stock wegschlägt wie mit einer echten Machete. Es reicht auch nicht, dass man ein Superkriegsbeil aus hartem Plastik im Gürtel stecken hat. Und dass man keine Angst vor den Birken hat, diesen weißen Feinden, die überall das Revier umzingeln, das reicht auch nicht. Max braucht ein Pferd.

»Wenn du keins hast, dann klau dir doch eins, Mann!«, sagt Tommi.

Jan pfeift scharf durch die Zähne. Max sieht, dass er das eine gute Idee findet. Jan ist der Älteste von ihnen und Max findet ihn sehr mutig und schlau. ›So muss ein Indianer sein‹, denkt er und starrt auf die Fahrräder der beiden. Die stehen da und scharren schon mit den Hufen. Er denkt kurz an sein altes Rad, das ganz kaputt in der Garage steht. Und er ärgert sich. Gleich werden die beiden lospreschen!

Nicht ohne mich, beschließt Max grimmig. Er fühlt plötzlich eine große Portion Indianermut in seinem Bauch. Und er weiß jetzt, was er tun wird.

»Kommt mit auf den Schulhof!«, sagt er.

Es ist Nachmittag und der große gepflasterte Platz hinter dem Schulgebäude liegt leer in der Sonne. Das ist die Steppe. Und gleich wird Max sich ein Wildpferd fangen. Davon gibt es hier eine ganze Herde. Denn am Nachmittag sind die Kinder vom Flötenunterricht in der Schule und ihre Fahrräder stehen in den Ständern.

»Leihen ist nicht klauen«, sagt Max und findet ein Fahrrad ohne Schloss. Sein Herz klopft wild, aber das gehört zu jeder Mutprobe. Und sich ein Fahrrad ausleihen, nur für einen Nachmittag, das ist doch eine Mutprobe, oder? Klar ist das eine! Jan grinst schon so.

Und dann fahren sie los in den Wald. Es geht schneller und schneller, im Galopp. Und da kommt das kleine schlechte Gewissen, das Max vorhin doch ein bisschen gehabt hat, gar nicht mehr hinterher. Es verfliegt im Wind, der um Max' Stirn weht und um sein Pferd. Wie gut das Wildrad die schmalen Pfade nimmt! Und wie es über die Baumwurzeln springt! Schneller als Tommi und Jan!

Da wird der Boden weicher. Es geht über eine Wiese mit hohem Gebüsch den Abhang hinunter. Die drei Jungs sausen jetzt nebeneinander und keiner von ihnen sieht, dass da schon der Fluss kommt. Das Ufer ist ganz zugewachsen, die Pferde merken auch nichts und – schwups! – landen sie alle mitsamt ihren Pferden im Wasser.

Max spürt das kalte Wasser und den schlammigen Boden des Flusses unter seinen Füßen. Das Fahrrad ist irgendwo, egal, er will hier raus. Alle drei spritzen und schlagen um sich, während sie so schnell wie möglich zum Ufer waten. Das ist über und über mit Brennnesseln bewachsen. Und um hier wieder rauszukommen, müssen sie sich leider, leider an den Brennnesseln hochziehen – es geht nicht anders.

Max beißt die Zähne zusammen und macht den Anfang. Sofort brennen seine ganzen Arme wie Feuer, aber endlich ist er oben.

Und trieft und schnauft. Jan und Tommi kommen hinterhergeklettert. Dann stehen sie da und schauen auf den Fluss, auf dessen Grund noch ihre Pferde liegen. Das Wasser rinnt an ihnen herab, in den Schuhen quatscht es, die Hände sind ganz weiß geschwollen von den Brennnesseln.

Max denkt ganz kurz, dass er ja ein Indianer ist. Also muss er sich auch so benehmen. Ein bisschen hilft es. Aber das Fahrrad? Das ist jetzt überhaupt kein Pferd mehr. Es ist nur noch ein Ding im Fluss, das nicht ihm gehört. Wem es wohl gehört?

»Mein Vater hat zu Hause eine lange Stange. Wir können die Räder damit herausfischen«, schlägt Jan vor. Es ist ein sehr weiter Weg zurück.

Tommi sagt zu Max: »Wir verraten nicht, dass du das Rad geklaut hast. Indianerehrenwort.«

»Ich habe es nicht geklaut, ich habe es geliehen!«, sagt Max. Er ist sehr wütend auf seine juckenden Hände. Und dass alles so nass ist.

Jans Vater ist da. Er schimpft und sagt, sie sollen sich schleunigst trockenes Zeug von Jan anziehen. Dann holt er die Stange und kommt mit zum Fluss. Max will am liebsten gar nicht mit. Was soll er da? Das ist doch gar nicht sein Fahrrad! Wenn er es im Fluss liegen lässt, merkt keiner was. Das wäre doch die Lösung! Aber was würde Jans Vater denken, wenn er nicht mitkommt? Und dann könnte es ja auch sein, dass der das fremde Rad zuerst rauszieht. Und dann? Wem würde das dann gehören?

Max geht also mit, aber ganz langsam.

Der Vater ist geschickt. Er zieht ein Fahrrad nach dem anderen aus dem Fluss. Zuerst Tommis, dann Jans und dann das letzte.

»Hier ist deins, Max«, sagt er und stellt das schlammige Ding vor Max auf die Wiese.

Max starrt es an. Was für ein scheußliches Fahrrad.

»Das ist nicht meins«, sagt er und wischt mit der Hand über den Sattel. »Ich hab's mir nur kurz … geholt.«

Der Vater guckt, als würde er ihn nicht verstehen.

»Geklaut, mein ich«, sagt Max und wird dabei rot wie eine echte Rothaut. Warum hat er sich verraten? Das war doch gar nicht nötig. Jans Vater kennt ihn doch kaum. Max schaut den Vater verlegen an. Er möchte, dass der was sagt.

»Das war keine gute Idee, ist dir das klar?«, sagt der Vater.

»Sonnenklar«, antwortet Max und ist froh darüber, dass er es verraten hat.

Alle gehen zurück in Jans Garten. Dort stellt der Vater den Gartenschlauch an und spritzt die Fahr-

räder ab. Dann geht er ins Haus und kommt mit einer Keksschachtel wieder. Die drückt er Max in die Hand.

»Die ist nicht für dich. Du weißt schon!«, sagt er.

Max fährt auf dem fremden Rad zum Schulhof und stellt es dorthin, wo es vorher stand. Er klemmt die Keksschachtel auf den Gepäckträger und sagt ganz laut:

»Entschuldigung!«

Die Steppe hört es. Und dann geht er heim.

Laura lädt ein

Laura hockt in ihrem Baumhaus. Sie wischt die Scheibe des winzigen Fensters blank. Sie verteilt die Kissen, die im trockenen Keller überwintert haben. Sie schichtet ihre Lieblingsbücher unter die Sitzbank. Sie heftet das gestickte Bild von Gott und Adam an die Bretterwand.

»Nun haben wir es bald wieder gemütlich hier!«, sagt sie.

Die Nussbaumzweige vor dem Fenster schwanken im Wind. Sie tragen dicke Knospen. Wenn Laura auf die Wiese hinunterschaut, kann sie zwischen den letzten Schneeflecken die ersten grünen Spitzen sehen. Ihre Schneeglöckchen kommen, ihre Krokusse! Noch ein paar sonnige Tage und die Blüten sind da!

Laura zieht die Jackenkapuze über den Kopf. Das Baumhaus ist ein luftiger, kühler Ort in dieser ersten Märzwoche, nicht gerade zum Kuscheln und Träumen geeignet, aber gut fürs Nachdenken.

Laura muss ganz scharf nachdenken.

Hat sie auf der Einladungsliste irgendjemand vergessen, der gern zu Daniels Taufe kommen würde?

Sie zieht Zettel und Kuli aus der Jackentasche.

»Kann ich auch Leute einladen?«, hat Laura ihre Eltern gefragt. »Leute aus meiner Klasse zum Beispiel?«

»Aber ja!«, hat Mama gesagt und Papa hat dazu genickt.

»Ist das euer Ernst?«, hat die Oma sich eingemischt. »Max und Brigitte und Urgroßtante Sophie sind auf ein Familienfest eingestellt!«

»Wenn Laura ihre Freunde dabeihaben will, wird Urgroßtante Sophie eben ein bisschen Kinderlärm ertragen müssen«, hat Papa geantwortet und Oma hat die Augenbrauen hochgezogen und gemeint, dass sie dann eben statt drei Kuchen fünf backen wird.

Laura liest die Liste durch.

Amina.

Amina kommt gern, erst in die Kirche, dann zum großen Frühstück in Haus oder Garten – je nach Wetter. Aminas Mutter hat gesagt: »Ein

christliches Tauffest – warum soll eine Muslima so etwas nicht kennenlernen? Schön, dass du eingeladen bist.«

Julia.

»Na klar komm ich«, hat Julia gesagt. »Ich bringe meine Taufkerze mit. Das ist so bei Taufen. Alle eingeladenen Kinder dürfen zur Erinnerung ihre Taufkerze anzünden.«

Vanessa.

»He, ich bin hoffentlich auch eingeladen?«, hat Vanessa gefragt. »Wenigstens zum Tauffrühstück?! Gut, ich komme!«

Dominik.

»Ich weiß nicht recht, ich würde ja gern«, hat Dominik gesagt. »Ich muss erst mit meiner Mutter verhandeln.«

Achmed.

»Ich werde noch einmal mit meinem Vater reden«, hat Achmed ein bisschen verlegen gesagt. »Weißt du, wir Muslime glauben, dass jedes neugeborene Kind im Grunde ein Muslim ist, auch euer Daniel. In eurer Taufe wird er leider zu einem Christen verkorkst.«

»Spinnst du, Achmed? Verkorkst?«

»Verkorkst, verdorben, so meint es mein Vater. Sei nicht bös, Laura. Ich würde mir gern euer Fest anschauen. Und zum großen Frühstück komme ich bestimmt.«

Frau Mühlheim.

Die alte Apothekerin kommt gern. Auf jeden Fall in die Kirche, und wenn sie nicht zu müde ist, auch auf einen Schluck Kaffee.

Gott.

Gott, denkt Laura, ich weiß ja, dass du bei der Taufe dabei bist. Ich lade dich aber besonders zum Frühstück mit meinen Freunden ein. Und ich hab einen Tipp für dich: Wenn du noch irgendwen dabeihaben willst, an den ich nicht gedacht habe, dann bring ihn einfach mit. Abgemacht?

Schade, dass Gott so still ist.

Laura wartet, ob Gott ihr einen besonderen Gedanken schickt, aus dem sie erkennen kann: Ja, Gott hat die Einladung angenommen.

Aber auch in Lauras Kopf bleibt alles still. In ihrem Bauch gluckst es ein bisschen und ihre Zehen prickeln in den Stiefeln. Sie fühlt sich gut, sehr gut, aber eine echte Antwort ist das nicht.

Sie schaut durch die Fensterluke auf die grünen Spitzen im Schnee.

Schneeglöckchen, beeilt euch! Schmückt den Garten zu Daniels Tauffest!

Eigentlich sollten nun auch im Hof vor Dominiks Fenster die ersten Blattspitzen zu sehen sein. Ob er überrascht sein wird? Vielleicht schaut er gar nicht hin.

Laura hört die Glockenschläge vom Kirchturm, vier hellere und drei dunkle.

Drei Uhr. Donnerstag drei Uhr. Um diese Zeit ist Dominik immer in seinem Fußballklub, hat er gesagt.

Donnerstag um drei bin ich nie zu Hause, hat er gesagt. Brauchst gar nicht kommen um die Zeit.

Laura sieht in Gedanken, wie sie auf ihrem neuen Cityroller durch die hässlichen alten Höfe flitzt und sich über die Graskante vor Dominiks Fenster bückt. Gute Idee! Laura könnte erstens nach den Schneeglöckchen gucken und zweitens Dominik einen Zettel aufs Fensterbrett legen: »Ich freu mich so, wenn du zu Daniels Taufe kommst.« Einen Ermunterungszettel sozusagen, damit Dominik nicht vergisst mit seiner Mutter zu verhandeln.

Schon ist Laura über die Strickleiter hinuntergeklettert. »Ich fahr zu Dominik!«, schreit sie ins Haus hinein.

»Okay«, ruft die Mutter zurück.

Noch während sie durch den zweiten Hof rollt, hört Laura das Geplärr hinter Dominiks Fenster.

Sie steigt ab, klappt den Roller zusammen und lehnt ihn an die Hauswand.

Eine Stimme übertönt das Geplärr. »Ruhe jetzt! Ich schnappe euch und prügle euch windelweich, jawohl, das tu ich, wenn ihr nicht sofort still seid!«

Es ist Dominiks Stimme. Das Geplärr verstärkt sich zu einem schrillen Geheul, das Laura in den Ohren wehtut.

Sie klopft ans Fenster. Sie klopft noch einmal. »He, Dominik, ich bin's, Laura!«

Das Geheul verstummt.

»Aufmachen!«, kreischen zwei Stimmen.

Der Vorhang wird zurückgezogen, die Fensterflügel schwingen auf.

Dominik schaut auf Laura herunter. Sein Gesicht ist rot. »Was machst denn du hier?!«

Links und rechts neben ihm gucken zwei rotzverschmierte kleine Gesichter über das Fensterbrett. Zwei rote und zwei grüne Schleifen hängen von vier lächerlich dünnen, blonden Haarschöpfen.

»He, ihr Süßen, kämmt euch mal!«, sagt Laura zu Dominiks Schwestern. »Lasst mich rein, dann helf ich euch beim Kämmen!«

»Rein! Rein!«, schreien die Mädchen.

Laura spürt, wie verzweifelt Dominik ist, als er ihr die Wohnungstür öffnet.

Der Zwilling mit den grünen Schleifen wartet schon mit einem Kamm.

Der Zwilling mit den roten Schleifen brüllt: »Ich zuerst!«

»Ich kann euch nicht auseinanderhalten«, sagt Laura. »Welche bist du?«

»Sonja«, sagt das Mädchen mit dem Kamm.

»Gut, Sonja, hol mir einen nassen Waschlappen! Und welche bist du?«

»Moni«, sagt die andere.

»Jetzt wird es spannend«, sagt Laura. »Jetzt schau ich mir eure Gesichter an, wenn sie sauber sind. Und diejenige, die länger still ist, wird als Erste gekämmt. Eins-zwei-drei, picka-pucka-pei …«

Sie wischt den Zwillingen Nasen, Wangen und Mund. Sie kämmt ihnen das Haar und bindet die Schleifen neu. »Jetzt seid ihr so schön, dass ihr eure Jacken anziehen und mit mir in den Hof hinausdürft. Jede kann mit mir eine Runde auf meinem Cityroller machen. Aber ohne Gebrüll, verstanden?«

Aus den Augenwinkeln sieht sie, wie auch Dominik seine Jacke anzieht.

»Dominik, schau mit Sonja nach, ob ihr da im Gras eine Überraschung findet. Ich dreh mit Moni die erste Runde.«

Nicht Dominik entdeckt die spitzen Blätter, sondern Sonja. »Ist das was?«

Laura legt den Finger auf die Lippen. »Meine Überraschung für euch!«

»Und was?«, flüstert Sonja.

»Geheimnis«, wispert Laura. »Ja nicht angreifen. Wachsen lassen!«

Andächtig kauern die Zwillinge vor dem sprießenden Grün.

Laura sieht Dominik an. »Du warst heute nicht im Fußballklub?«

Dominik schluckt und wird wieder rot. »Nein. Weil meine Mutter am Donnerstagnachmittag immer bei Vanessas Mutter arbeitet. Als … als Putzfrau, weißt du. Sie macht ihr die Wohnung.

Normalerweise kümmert sich unsere Nachbarin um die Zwillinge. Aber heute musste sie schnell zu ihrer Tante ins Spital und so bin ich übrig geblieben, ganz allein.«

»Bleibst du öfters übrig?«

»Nein, nein. Meiner Mutter ist es nur lieber, wenn ich an Donnerstagen zu Hause bin. Zur Sicherheit … Man braucht manchmal zwei Leute für die Zwillinge.«

Laura denkt nach. »Ich komme nächsten Donnerstag mit Vanessa her. Wir sollten etwas unternehmen mit diesem Hof! Kräuter anpflanzen oder so. Etwas, damit man lieber hier ist und draußen spielen kann. Die alte Apothekerin gibt mir bestimmt ein paar Tipps. Und Blumen aus ihrem Garten!«

Dominik schüttelt den Kopf. »Dieser Grasplatz gehört nicht uns. Er gehört dem Hausbesitzer. Der erlaubt so was nicht.«

»Abwarten!«, murmelt Laura. »Vielleicht kann Vanessas Papa mit ihm reden.«

»Ideen hast du …«, brummt Dominik. »Und warum bist du hergekommen, jetzt sag endlich?«

Laura lächelt. »Weil ich dich noch einmal zu Daniels Taufe einladen wollte.«

Dominik seufzt.

Die Zwillinge haben die Ohren gespitzt. Sie rücken näher und drücken sich an Laura. »Einladen? Zu dir?«

»Ja«, sagt Laura. »Und ich lade auch euch beide ein, wenn ihr Lust habt. Und wenn ihr versprecht, dass ihr nicht kreischt oder brüllt. Mein Bruder ist noch so klein. Lautes Geschrei tut ihm in den Ohren weh. Dann weint er. Ich will nicht, dass er weint.«

Die Zwillinge nicken mit ernsten Gesichtern.

»Also dann«, sagt Laura, steigt auf den Roller und flitzt davon.

Hinter dem Tor zum ersten Hof bremst sie und horcht nach hinten.

Kein Gekreisch? Kein Gebrüll?

Sie steigt ab, schleicht zum Tor zurück und riskiert einen Blick durch ein Loch in der Scheibe. Die Zwillinge hocken wieder vor den Schneeglöckchenblättern. Dominik steht unschlüssig da, die Hände in den Jackentaschen. Aber jetzt kauert er sich neben die Zwillinge.

Ein gelber Schmetterling schaukelt langsam an ihnen vorüber. Auf dem Dachfirst sitzt, mit gewölbter Brust hoch aufgerichtet, eine Amsel. Sie singt aus voller Kehle.

Vielleicht hat sie schon zuvor gesungen.

Aber nun kann man sie hören, bis in den finstersten Winkel der Höfe, dächerweit.

Coca-Cola aus dem Wasserhahn

Als Katja an diesem Morgen aufwachte, wusste sie sofort, dass irgendetwas anders war als sonst. Aber was? Das Zimmer sah aus wie immer. Katja schnupperte und da sagte ihre Nase laut und deutlich:

Ein neuer Duft
liegt in der Luft!

Katja kicherte ins Kopfkissen. Seit wann können Nasen reimen? Aber ihre Nase hatte recht.

Es riecht ja nach Stroh
wie gestern im Zoo!, dachte Katja und merkte, dass ihre Gedanken genauso reimten wie ihre Nase.

Was sind denn das für Sachen?
Da muss ich aber lachen!

Sie lachte also und ihre Nase nieste dazu zweimal, weil sich ja Hatschi auf Hatschi reimt. Und dann war Katja so wach, dass sie aufstand und sich auf die Suche nach dem Zoo-Stroh machte. Sie lief im Zimmer umher und schaute in alle Ecken, unter den Tisch und in den Papierkorb, fand aber nichts.

Hier ist kein Stroh.

Es riecht nur so, dachte sie und zog den Vorhang am Fenster zur Seite.

Da war eine Giraffe, die ganz unten auf der Straße stand und hier oben im zweiten Stock durch Katjas Fensterscheibe guckte.

Ich glaub, mich laust der Affe!

Das ist eine Giraffe!

Katja war begeistert. Sie öffnete das Fenster ganz.

Die Giraffe sagte:

Guten Morgen! Guten Morgen!

Kannst du mir ein Frühstück borgen?

Und Katja antwortete:

Aber klar, Giraffe!

Möchtest du Kaffee?

Danke, nee, nee!

Auch keinen Tee!, sagte das himmelhohe Tier.

Ich möchte dein Diktatheft kauen.

Das lässt sich sicher gut verdauen.

Wenn eine Giraffe Hunger hat, sollte man nicht zimperlich sein. Also holte Katja ihr Diktatheft aus der Schultasche, riss die Seiten mit dem schwierigsten Diktat heraus und fütterte damit die Giraffe.

Hmm! Deine Fehler schmecken fein!

Lass bloß nie die Fehler sein!, sagte die Giraffe und schleckte sich das Maul.

Dann verabschiedeten sich die beiden, denn die Giraffe musste in den Zoo und Katja in die Schule, was ja fast dasselbe ist.

Aber erst mal ging Katja ins Badezimmer, um zu duschen. Sie wollte eben das Wasser anstellen, da hörte sie von oben einen ohrenbetäubenden Trompetenstoß. Und als sie den Kopf hob, sah sie auf der Stange vom Duschvorhang einen kleinen Elefanten sitzen.

Ich sitze hier und übe Töne

und wie du hörst – ganz wunderschöne!, sagte er und trötete.

Mit meinem Rüsselwasser

wirst du noch viel, viel nasser!, rief der Elefant und bespritzte Katja mit einer großen Ladung Wasser aus seinem Rüssel. So einen Spaß hatte Katja schon lange nicht mehr beim Duschen gehabt. Sie verzichtete auf die Seife und fühlte sich hinterher so elefantensauber wie noch nie. Beim Abtrocknen fragte sie den Elefanten, ob er denn auch einen Knoten in seinen Rüssel machen könne.

Nein, ich mach nur Töne,

und zwar wunderschöne!, rief er und stieß wieder in seine Trompete, so laut, dass er fast von der Stange gepurzelt wäre.

Dann ging Katja frühstücken. Die Eltern und ihr Bruder Sven saßen schon am Tisch und auch ein Flamingo hockte dabei, der sich eben mit dem Schnabel ein Brötchen schmierte.

Hallo, es gibt Marmelade.

Schon leer. Wie schade!, sagte der Flamingo und stocherte vorwurfsvoll mit dem Schnabel im fast leeren Marmeladeglas herum. Die Mutter stand eilig auf und holte ein neues Glas, aber mit Honig.

Igittigitt,

den mag ich nit!

Der Flamingo schüttelte seinen langen, dünnen Hals so heftig, dass ein paar Flaumfedern über den Tisch flogen.

Nun halt mal deinen Schnabel,

sonst gibt's was mit der Gabel!, brummte der Vater.

Das gefiel dem Flamingo gar nicht. Er plusterte sich ein bisschen auf und steckte seinen Kopf ins Gefieder.

Jetzt ist er wohl sauer.

Aber nicht auf Dauer, meinte die Mutter.

Alle warteten, was jetzt passierte, und aßen vor sich hin.

Katja nahm sich zweimal so dick Nutella wie sonst, denn auf Nutella reimt sich nur Nutella. Und das schien den Flamingo sehr zu interessieren. Er äugte aus seinem Federkleid herüber auf ihr Brot.

Das ist doch verboten!, kreischte er empört.

Ich mach gleich einen Knoten!

Und tatsächlich! Das, was der kleine Elefant nicht gekonnt hatte, war für den Flamingo ein Kinderspiel: Er machte in seinen langen dünnen Hals einen Knoten. Er dachte wohl, er könnte Katja damit zur Strafe für all ihr Nutella erschrecken. Aber die klatschte nur begeistert Beifall mit der ganzen Familie. Und da nickte der Flamingo gnädig in alle Richtungen.

Jetzt musste Katja Zähne putzen. Sie ging ins Badezimmer. Der Elefant war nicht mehr da.

Wo ist er, wo?

Oh, wohl im Zoo, dachte Katja und drehte den Wasserhahn auf. Aber, was da herausfloss, war Coca-Cola. Sie trank gleich zwei Zahnputzbecher voll davon, denn auf Coca-Cola reimt sich bloß Coca-Cola – und es schmeckte zweimal so gut wie sonst.

Dann packte sie rasch ihre Schultasche, steckte das Diktatheft ein, dieses ausgefranste Giraffenfrühstück, und hätte beinahe noch selbst hineingebissen, wenn sie nicht so Nutella-satt gewesen wäre.

Draußen stand Sven schon mit den zwei Cityrollern und wartete auf sie. Der Flamingo kam herbei und öffnete ihnen mit einer tiefen Verbeugung die Gartentür.

Katja flitzte davon. Es ging doppelt so schnell wie sonst. Da merkte sie, dass der Cityroller von selbst fuhr, ohne dass sie irgendetwas tun musste. Er fuhr sogar schneller als die Autos auf der Straße.

In dem Moment, als sie an der roten Ampel halten musste, schlug sie die Augen auf und sah, dass sie alles, alles, aber auch alles, nur geträumt hatte. Da gluckste ihr Bauch.

Das ist der Coca-Cola-Schaum
aus meinem Traum, dachte Katja und kicherte in ihr Kopfkissen.

Luisas Löwe

Wenn man hinter dem Fußballplatz durch das kleine Wäldchen geht und dann Anlauf nimmt und über den kleinen Bach springt, kommt man auf eine große Wiese. Seit gestern steht da ein großes, bunt gestreiftes Zirkuszelt und drum herum lauter Campingwagen. Es gibt auch Ställe für die Pferde, Affen, Ziegen und Lamas. Und in einem kleinen Wagen wohnt sogar ein Bär, der bei den Zirkusvorstellungen wunderschön tanzt. Hinter den dicken Eisenstäben des Käfigwagens wohnen ein Tiger, ein Panther und ein Löwe mit seiner Löwin. Diese Tiere gehören schon fast Luisa.

Denn Luisa ist die Tochter von Panko und der ist der Raubtierdompteur. Er muss nur mit der Zunge schnalzen und schon springt der Tiger durch den brennenden Reifen oder der Löwe sperrt sein Maul so weit auf, dass man beinahe vor Schreck vom Klappsitz fällt. Panko geht in einem glänzenden schwarzen Anzug in der Manege herum, knallt mit der Peitsche auf den Sägemehl-Boden und die Tiere schleichen graziös umher, springen durch die Luft oder schlagen mit dem Schwanz. Und weil Panko keine Angst hat, hat Luisa auch keine. Sie darf zwar nicht allein zu den Tieren, aber sie kennt sie alle ganz genau und spricht mit ihnen wie mit Freunden.

Es ist ein sonderbares Leben, das Luisa führt: Mal wohnt sie hier, mal da, und es gibt einen extra Lehrer für sie und die anderen Zirkuskinder. Er unterrichtet sie vormittags in seinem Campingwagen und nachmittags übt er auf dem Hochseil.

In diesem Sommer aber soll Luisa endlich ein Erstkommunionkind werden. Also muss sie auch zur Gruppenstunde ins Dorf.

Panko bringt sie in seinem alten Porsche hin. Wenn die Gruppenstunde endlich aus ist, fragen die Jungs Luisa, was der Löwe so im Durchschnitt frisst und woher der Panther kommt. Und die Mädchen wollen wissen, ob Luisa auch Salto mortale kann.

»Kommt mich doch besuchen«, sagt Luisa eines Tages, bevor sie zu Panko in den Porsche steigt. »Dann zeig ich euch alles!«

Gleich am nächsten Tag kommen die Kinder

zum Zirkusplatz. Die Nachmittagsvorstellung ist gerade zu Ende. Der Clown schlendert aus dem Zelt und reißt sich die Pappnase ab.

»Können Sie uns sagen, wo Luisa ist?«, fragt Susanne.

»Dahinten beim wilden, wilden Käfig steht Prinzessin Luisa und zähmt ein neues Tier!«, sagt der Clown und schlägt ein Rad.

Ah, dahinten ist sie ja! Aber was hat sie da im Arm? Die Kinder laufen hin und trauen ihren Augen nicht. Da sitzt Luisa auf einem umgedrehten Eimer und hält ein Löwenbaby im Arm!

»Ist das deins?«, flüstert Judith und fühlt sich wie verzaubert.

»Ja«, sagt Luisa und gibt dem Tier einen Kuss zwischen die Ohren, die aussehen wie aus Plüsch. »Das ist mein kleiner Riese! Ich füttere ihn mit der Flasche«, strahlt sie begeistert.

Den ganzen Nachmittag bleiben die Kinder bei Luisa und Riese. Abwechselnd tragen sie ihn übers Gelände. Luisa zeigt ihnen alles. Aber Riese ist und bleibt das Allertollste, was sie je gesehen haben. Wenn er sein Maul aufreißt und zu knurren versucht, kann man schon ahnen, was für ein Riese er einmal werden wird. Und wenn man dann noch die Hand in seinen kleinen Rachen steckt, dann

Rie

wächst das Herz schlagartig um mindestens drei Zentimeter.

Die Kinder kommen jetzt jeden Nachmittag zum Zirkusplatz und spielen mit Luisa und Riese und beobachten, wie Riese immer löwiger wird.

Eines Tages läuft Luisa ihnen entgegen und die Tränen laufen ihr übers Gesicht. »Riese ist weg!«, ruft sie. »Ich habe ihn schon überall gesucht. Panko muss bald die Polizei informieren und dann gibt's Ärger. Wir müssen Riese unbedingt finden!«

Das ist ein Fall für Johannes. Er will später sowieso Kriminalkommissar werden. Also übernimmt er die Sache.

»Du suchst dort, du suchst da, du dort und du da!«, befiehlt er mit ein paar lässigen Handbewegungen und alle Kinder laufen in die verschiedenen Himmelsrichtungen auseinander.

»In einer Stunde seid ihr alle wieder hier zur Lagebesprechung!«, schreit Johannes ihnen nach und macht sich ein paar Stichworte in sein Kommunionheft. Das muss alles ins Protokoll. Niko läuft über den Fußballplatz bis zum angrenzenden Hühnerstall. Hühner riechen bestimmt gut für Löwennasen, denkt er und schnuppert, so wie Riese es immer tut. Da hört er schon ein ohrenbetäubendes Gackern: Die Hühner rasen wie die

Wilden hinter dem Zaun herum. Aber am wildesten ist Riese, der dort am Maschendraht entlangrennt und nach einem Eingang sucht.

Niko bleibt stehen. Einen Löwen auf Hühnerjagd, das hat er noch nie gesehen. Er nimmt all seinen Mut zusammen und steckt ihn in die Stimme: »Riese!«

Der kleine Löwe schaut kurz zu ihm rüber. Aber die Hühner findet er dann doch viel interessanter als Niko.

»Hey!«, ruft da jemand mit tiefer Stimme. Es ist der Bauer, der angelaufen kommt. Als er Riese sieht, bleibt er mit großen Augen stehen und stammelt: »Was ist das denn?«

»Das ist nur Riese«, antwortet Niko. »Haben Sie ein Seil?« Der Bauer brummt laut, geht in den Hühnerstall und kommt mit einem alten Kartoffelsack wieder.

Als Niko auf Riese zugeht und den Kartoffelsack über ihn zu stülpen versucht, denkt Riese, dies sei ein neues Spiel und faucht begeistert. Es gelingt Niko, den Sack um Riese zu wickeln und ihn dann hochzunehmen. Riese guckt so erstaunt wie eben ein Löwe, der auf den Arm genommen wird. Aber anscheinend ist er von seinem Hühnerausflug ziemlich müde geworden. Er gähnt und macht es sich bei Niko bequem. Der ist ungeheuer stolz auf diese gelungene Safari.

»Sagen Sie nichts der Polizei, sonst gibt's Ärger!«, ruft er dem Bauern zu, der immer noch dasteht und glaubt, er sei in Afrika.

Dann trägt Niko Riese zum Zirkus zurück. Wie schwer der ist! Luisa steht bei Kommissar Johannes und redet aufgeregt. »Ich hab ihn!«, schreit Niko.

Luisa jubelt auf und Johannes notiert schnell alles in sein Heft. »Fall erfolgreich abgeschlossen«, grinst er.

Panko kommt dazu und meint: »Luisa, ich glaube, Riese gehört allmählich zu den anderen Raubtieren. Es wird Zeit. Er will keine Flasche mehr, er will Fleisch.«

»Hm«, seufzt Luisa und krault Riese zwischen den Ohren. »Willst du das wirklich?«, fragt sie ihn. Er schnappt zärtlich nach ihrer Nase und da glaubt sie ihm.

Gemeinsam mit Panko gehen sie zum Raubtierwagen. Panko öffnet die Gittertür einen Spalt. Luisa drückt Riese fest an sich und lässt ihn dann hinein.

»Er bleibt ja trotzdem mein Löwe«, sagt sie. »Er ist eben nur kein Baby mehr.«

Herr Riese spielt Ball

Herr Riese lief mit seinem Ball in den Innenhof. Er wollte mit Fee Ball spielen. Er hatte sein gelbes T-Shirt in seine gelb-grün gestreifte Trainingshose gesteckt und sah aus wie eine halb reife Banane.

Herr Riese war vor einem Jahr in das Nachbarhaus von Fee gezogen und die beiden hatten sofort Freundschaft geschlossen.

»Fee«, rief Herr Riese, aber niemand war da und rief zurück. Fee hieß eigentlich Felicitas, aber außer ihrer Oma nannten sie alle Fee, weil Fee blonde Haare hatte und sich gerne als Fee verkleidete.

Herr Riese dribbelte seinen Ball vor sich her und schoss ihn durch die beiden Stangen, an denen die Wäscheleine befestigt war. Wenn daran keine Wäsche flatterte, war das ihr Tor.

»Tor!«, rief Herr Riese, aber niemand war da, der ihn hörte.

Herr Riese dachte nach. Fee kam doch sonst

immer nach dem Essen in den Innenhof. Wo blieb sie denn? Heute war doch ihr Fußballtag. Er spielte gerne mit Fee. Sie traf nie das Tor und Herr Riese gewann.

Er dribbelte wieder seinen Ball vor sich her und schoss ihn auf das Tor. Diesmal traf er nicht. Der Ball kullerte gegen eine blaue Mülltonne, die »Plopp« machte und dabei umfiel. Es war die Plastiktonne, in der immer Papier gesammelt wurde.

Bevor der Wind all die Zeitungen und Prospekte über den Hof verteilen konnte, lief Herr Riese zu der Tonne, hob sie auf und klappte den Deckel zu.

»Glück gehabt«, seufzte Herr Riese erleichtert auf, sah aber doch einen Zettel, den der Wind vor ihm erwischt hatte und der durch die beiden Stangen der Wäscheleine wehte.

»Tor«, flüsterte Herr Riese und lief dem Papier nach.

Ach, wenn doch Fee hier wäre, dachte Herr Riese, dann würde das Papierjagen Spaß machen. So lief er allein hinter dem Blatt her, um es wieder in die blaue Tonne zu werfen.

Im ersten Stock des Hauses tat sich was. Oma Turnschuh kippte gerade ein Fenster, um frische Luft hereinzulassen. Sie sah Herrn Riese im Innenhof hüpfen und wunderte sich. Oma Turnschuh hieß Oma Turnschuh, weil sie gerne Turnschuhe trug und damit schneller laufen konnte als Fee.

»Was hüpfst du herum wie ein Floh?«, rief Oma Turnschuh und kratzte sich.

Herr Riese hätte beinahe das Blatt Papier gefangen, aber der Wind nahm es wieder auf und pustete es noch höher in die Luft.

»Ich spiele Fangen«, sagte Herr Riese, »aber ich fange nichts.«

Oma Turnschuh blickte sich um. Sie sah gar nicht, mit wem Herr Riese Fangen spielte.

»Mit wem spielst du denn Fangen?«, fragte sie.

»Mit dem Wind«, sagte Herr Riese und hüpfte so hoch, dass er endlich das Blatt Papier zu fassen bekam.

»Wo ist denn Felicitas?«, fragte Oma Turnschuh.

Herr Riese wollte gerade das Blatt Papier zusammenknüllen und in die Tonne werfen, als er darauf las: »Vater unser«.

»Ich weiß es nicht«, murmelte Herr Riese.

»Ich habe dich nicht verstanden!«, rief Oma Turnschuh und schloss das Fenster, um es dann richtig öffnen zu können.

»Wir haben uns zum Fußballspielen verabredet«, schrie Herr Riese und schaute verwundert auf das »Vater unser«. »Vater unser« klang so

schön, als wären alle eine Familie und hätten einen Papa. Vorsichtig nahm er den Zettel und legte ihn in das Notizbuch, das er immer bei sich trug. In dieses Buch schrieb er alles, was ihm wichtig war.

»Ihr habt euch zum Fußballspielen verabredet?«, wiederholte Oma Turnschuh.

»Ja«, sagte Herr Riese, »wir spielen doch donnerstags immer Fußball.«

Oma Turnschuh dachte nach. »Aber heute ist Mittwoch. Heute wollte Felicitas zum Augenarzt.«

Herr Riese nickte. Wenn heute Mittwoch war, dann war er umsonst in den Hof gekommen. Traurig stand er zwischen den beiden Wäscheleinenstangen, als der Ball plötzlich auf ihn zuflog und mit Schmackes ins Tor donnerte. Sollte das der Wind gewesen sein?

Herr Riese schaute verwundert auf und sah Fee.

»Tor«, rief sie und lief jubelnd dem Ball hinterher.

Fee war da und hatte ein Tor geschossen. Herr Riese war überrascht. Fee schoss doch nie ein Tor. Nun stand es 1:0 für Fee.

Herr Riese war trotzdem froh, dass er nicht mehr allein war.

»Schön, dass du endlich da bist«, sagte Herr Riese.

»Schön, dass ich endlich da bin«, sagte Fee und schoss noch ein Tor.

Der Vaterunser-Wettbewerb

In der Straße, in der Felicitas und Herr Riese wohnten, machte eine neue Buchhandlung auf. Es war eine christliche Buchhandlung, in der man alles finden konnte, was das Leben mit Gott erklärte.

Zur Eröffnung hatte Frau Gnuskowski einen Vaterunser-Wettbewerb geplant, bei dem jeder Teilnehmer nach dem Aufsagen mit einer Überraschung rechnen konnte. Der Hauptpreis war ein Ball, auf dem das ganze Vaterunser aufgedruckt war.

Fee freute sich schon seit Langem auf diesen Wettbewerb. Es war ihr egal, ob sie dabei etwas gewinnen würde, denn das Eröffnen einer Buchhandlung war immer eine aufregende Sache. Einen Tag vor der Eröffnung sauste Fee mit ihrem Fahrrad an der Buchhandlung vorbei und sah, wie Frau Gnuskowski und ihre Mitarbeiterinnen das Schaufenster schmückten. Sie hingen goldene Kronen über den Eingang, weil sich Frau Gnus-

kowski als Namen für ihren Laden »Die Königs-Buchhandlung« ausgedacht hatte.

Heute sollte die Eröffnung sein. Herr Riese hatte keine Lust mitzukommen, weil sein Fußball kaputt war. »Ich will lieber Fußball spielen«, sagte er.

Fee lachte. »Wenn der Ball kaputt ist«, sagte sie, »dann kannst du gar nicht Fußball spielen.«

»Egal«, sagte Herr Riese, »dann bin ich halt traurig.«

Felicitas, Willi und Herr Riese hatten Fußball gespielt, als der Ball unter ein Auto rollte und danach nicht mehr aufzupumpen war. Irgendeine scharfe Kante musste ihn durchlöchert haben. Der alte Ball war kaputt und platt.

»Komm doch mit«, baten Fee und Willi. »Eine kleine Feier tut uns allen gut.«

Herr Riese streichelte den platten Ball und sagte: »Gut, gehen wir zur Eröffnung der Buchhandlung.«

Sie sahen schon von Weitem, dass sie nicht die Einzigen waren, die an diesem Tag feiern wollten. Die Königs-Buchhandlung war voller Menschen. Dort, wo einmal die Ladentheke sein sollte, war eine kleine Bühne aufgebaut, auf der Frau Gnuskowski hinter einem Mikrofon stand und alle begrüßte. »Und nun kommen wir zum großen Vaterunser-Wettbewerb«, sagte sie gerade.

»Da sind wir ja genau richtig gekommen«, flüsterte Fee.

Herr Riese, Willi und sie hatten sich durch die Menschentraube bis ganz nach vorn gedrängelt.

»Die Spielregeln sind ganz einfach«, sagte Frau Gnuskowski. »Derjenige, der das Vaterunser fehlerfrei aufsagen kann, gewinnt unseren Vaterunser-Ball.«

Herr Riese lächelte. Wie froh war er, dass er das Gebet so gut wie auswendig konnte. Er war nur beim letzten Satz ein wenig unsicher. Herr Riese hätte den Ball zwar gern gewonnen, aber er

rechnete sowieso nicht damit dranzukommen. Plötzlich zeigte Frau Gnuskowski auf ihn. Alle klatschten und schoben ihn auf die Bühne. Herr Riese wusste nicht, was er tun sollte. Verlegen stand er hinter dem Mikrofon und verbeugte sich.

»Und hier haben wir …«, sagte Frau Gnuskowski, ohne den Satz zu vollenden.

»Herrn Riese«, sagte Herr Riese, stand aber so weit weg vom Mikrofon, dass ihn niemand verstehen konnte.

»Lauter«, riefen einige und Frau Gnuskowski wiederholte noch einmal: »Hier haben wir Herrn Riese und er wird nun für uns alle das Vaterunser aufsagen.«

Herr Riese wusste nicht, was er machen sollte. Wie sollte er erklären, dass er dieses Gebet gerade erst kennengelernt hatte? Er stellte sich diesmal so nah ans Mikrofon, dass sein »›Vater unser, der du bist im Himmel‹«, viel zu laut aus den Lautsprechern kam. Alle hielten sich die Ohren zu.

Frau Gnuskowski stellte das Mikrofon ein wenig von ihm weg, sodass das »›Geheiligt werde dein Name. Dein Reich komme. Dein Wille geschehe, wie im Himmel so auf Erden‹«, schon ganz natürlich aus den Boxen schallte. Herr Riese strahlte. Doch da fiel ihm plötzlich der nächste Satz nicht mehr ein. Zum Glück schaute er in diesem Moment zufällig auf die Tische mit Broten und Getränken und wusste wieder, was er beten wollte. »›Unser tägliches Brot gib uns heute‹«, bat er stolz. »›Und vergib uns unsere Schuld, wie auch wir vergeben unseren Schuldigern.‹«

»Bravo«, rief Fee, die direkt vor ihm stand und ihm mit einem Schokoriegel zuwinkte.

Herr Riese überlegte und sagte dann: »›Und führe uns nicht in Versuchung, sondern erlöse uns von dem Bösen.‹«

Das war es. Mehr fiel Herrn Riese nicht ein. So weit hatte er das Gebet in sein Buch eingetragen und auswendig gelernt. Jetzt fehlte ihm nur noch der Satz, den Fee ihm schon gesagt hatte, auf den er jetzt aber nicht kam. Diesen einen Satz musste er noch sagen, um den Wettbewerb zu gewinnen. Er überlegte und überlegte, aber er kam nicht auf diesen Satz. Frau Gnuskowski schaute ihn fragend an und Herr Riese lächelte unsicher zurück. Endlich bemerkte er, wie Willi in seinen Taschen kramte und sein gesamtes Taschengeld zückte. Er machte dies immer wieder, als wollte er ihm damit etwas sagen. Herr Riese dachte nach. Willi tat so, als wäre er reich. Herr Riese schaute Fee an, die sich eine der goldenen Dekokronen aufgesetzt hatte. Herr

Riese hatte verstanden. Natürlich, Gott ist ein König und regiert über ein Reich. Frau Gnuskowski wollte gerade das Mikrofon übernehmen, als Herr Riese wieder loslegte: »›Denn dein ist das Reich …‹«

Wie ging es weiter? Herr Riese schaute wieder auf Fee, die sich die Ärmel aufgekrempelt hatte und übertrieben deutlich ihre Muskeln zeigte. Ganz klar, Fee wollte zeigen, dass sie Kraft hatte. Herr Riese wusste wieder, wie das Gebet weiterging, und sagte: »›Denn dein ist das Reich und die Kraft und die …‹« Da kam noch was, oder?

Herr Riese stockte und schaute auf Fee und Willi, die so laut lachten, dass es ganz herrlich aussah. Da machte es bei Herrn Riese Klick und er betete: »›Denn dein ist das Reich und die Kraft und die Herrlichkeit.‹«

»›In Ewigkeit‹«, half Frau Gnuskowski weiter.

»›Amen‹«, sagte Herr Riese.

Alle klatschten, Herr Riese war glücklich, denn er konnte nun das ganze Gebet auswendig und es immer beten, wenn er wollte. Natürlich hatte er auch den Hauptpreis gewonnen. Weil er das Gebet so schön aufgesagt hatte, bekam er von Frau Gnuskowski den Vaterunser-Ball geschenkt. Fee, Willi und Herr Riese liefen stolz wie Oskar nach Hause und spielten Fußball, bis es Abend wurde.

Dinos aus Schrott

Am Stadtrand gibt es einen Kiessee, in dem man baden kann. Und neben dem Kiessee ist der große Schrottplatz. Hierher kommen die großen Laster gefahren mit dem neuen Schrott der Stadt. Den kippen sie dann auf den alten, der sich in hohen Bergen auftürmt.

Es ist für Kinder verboten, sich dort aufzuhalten. Dabei kann man hier doch gar nichts mehr kaputt machen. Es ist ja schon alles kaputt. Und das ist gerade das Spannende! Denn jeder weiß, dass man aus kaputten Sachen die besten neuen Sachen basteln kann. Tobias und Emil jedenfalls wissen das. Sie kommen gerade vom Baden und gehen am Schrottplatz vorbei und schauen den Lastern zu, die dort herumfahren.

»Wir müssen wiederkommen, wenn die Laster Feierabend haben. Dann stört uns keiner«, sagt Emil.

Es sind gerade Sommerferien. Da bleibt es abends lange hell und die Eltern schicken die Kinder auch nicht so früh ins Bett. Außerdem hat Tobias nur eine Mutter. Der Vater ist fortgegangen. Seitdem sagt die Mutter nicht mehr so oft, was Tobias darf oder nicht darf. Sie hat einfach nicht mehr so viel Zeit. Da ist Tobias froh, dass er Emil hat. Der weiß immer, wo es langgeht. Denn er hat zwei große Brüder, die ihm vormachen, was man alles machen kann. Und das ist immer mehr als das, was man nicht machen sollte.

Auf den Schrottplatz gehen, das gehört zu den Dingen, die man unbedingt tun muss.

Das sieht Tobias ein.

Als sie am nächsten Abend mit den Fahrrädern dort hinradeln, ist Tobias doch ein bisschen mulmig zumute. Aber das ist jetzt egal.

Der Platz mit den Schrottbergen liegt verlassen da. Es ist ganz still. Nur ein paar Grillen zirpen und vom See her hört man Stimmen und abfahrende Autos. Die kommen hier aber nicht entlang. Keiner wird sehen, wie Tobias und Emil auf den Platz gehen.

Da ist der erste Schrottberg. Von Nahem sieht er noch viel größer aus. Sie schauen hinauf bis zu seiner Spitze, über der die Sonne steht. Der

Schrott dort oben blitzt und glüht. Eisen und Metall, Blechtonnen und alte Betonmischer glänzen in diesem Abendlicht und blenden, sodass Tobias und Emil sich die Hände vor die Augen halten müssen.

Sie gehen um den nächsten Berg herum. Tobias riecht, dass es hier stinkt. Emil findet eine alte Schubkarre und geht damit weiter. »Hiermit können wir ein paar Sachen transportieren!«, ruft er begeistert.

Er wird immer mutiger und springt jetzt auf den Berg. Es knirscht und knackt unter seinen Schuhen.

»Komm, Tobias! Hier oben sind ganz tolle Sachen!«, ruft er und zieht einen Fahrradreifen aus dem Gerümpel.

Tobias kramt lieber weiter unten und entdeckt ein kleines Häuschen mit einem roten Dach. Es ist kein bisschen kaputt.

»Das nehme ich mit nach Hause«, beschließt er. »Das wird der Bahnhof für meine elektrische Eisenbahn.« Die hat ihm der Vater vor ein paar Jahren geschenkt, bevor er fortgegangen ist. Auf einmal weiß Tobias auch, woran ihn das kleine Haus erinnert: In so einem Bahnwärterhaus hat der Opa gewohnt, bevor er gestorben ist. Und ganz früher der Vater als Kind. Er schaut das kleine Haus lange an. ›Das ist jetzt meines‹, denkt er und das gefällt ihm.

Da springt Emil vom Berg herunter und sagt: »Jetzt spielen wir Lavaexplosion. Dies sind alles Vulkane und der Schrott ist die Lava, die oben aus dem Krater ausgespuckt wird. Und die Lava ist ganz heiß und läuft und überschwemmt alles und wir müssen fliehen!«

Er lässt seine Schubkarre stehen und rennt los. Tobias klemmt sein Häuschen unter den Arm. Und so laufen sie wie die Wilden vor der Lavaexplosion davon und rennen auf dem ganzen Schrottplatz herum. Der wird immer größer und weiter. Hinter jedem Berg kommt noch einer und noch einer.

Schließlich sind sie ganz außer Puste und lassen sich auf die Erde fallen. Zum Glück haben die Krater inzwischen aufgehört zu spucken und sie sind gerettet. Da merken sie, dass die Sonne schon fast untergegangen ist. Es wird schon dunkel!

»So sieht es bestimmt auf dem Mond aus«, sagt Tobias und betrachtet die Schrottlandschaft in der Dämmerung.

Emil steht auf und sagt: »Ich will jetzt heim.«

Ihm gefällt es plötzlich gar nicht mehr hier.

Sie brechen auf und gehen und gehen. Aber wo geht es nach Hause? Es wird immer dunkler.

»Wo steht meine Schubkarre!?«, fragt Emil. »Ich will meine Schubkarre mitnehmen!«

Aber sie finden den Berg nicht mehr. Alle Berge sehen so gleich aus – wie große, schwarze Riesen.

Da geht der Mond auf und wirft ein blasses Licht auf den Schrott und auf die Wege dazwischen, auf denen Tobias und Emil immer noch herumschleichen.

Auf dem Mond sind wir hier nicht, denkt Tobias. Aber er fühlt sich doch so. Ganz fremd und weit weg. Gut, dass er das kleine Haus unter dem Arm dabeihat. Das Dach schimmert ein bisschen im Mondlicht. Es kommt Tobias so vor, als könnte er durch die Fenster ins Haus hineingucken und den Vater und den Opa dort am Tisch sitzen sehen. Gerade überlegt er sich, was sie da wohl essen. Da stupst Emil ihn mit dem Ellbogen in die Rippen.

»Findest du auch, dass die Berge hier aussehen wie Dinosaurier?«, fragt er und klingt ganz ängstlich.

Tobias schaut sich um und erschrickt. Tatsächlich. Emil hat recht. Dinosaurier stehen hier überall. Und hat der eine da sich nicht gerade bewegt?

Und der andere dort – hat der nicht furchtbar große, schummrige Augen?

Eigentlich weiß keiner von ihnen, wo es langgeht. Aber sie trauen sich auch nicht, stehen zu bleiben. Nicht hier bei den Dinos, die so unheimliche Schatten werfen.

Also rennen Tobias und Emil los. Geradeaus, nach links, nach rechts und immer weiter. Plötzlich stolpert Tobias über einen Blechkanister. Er verliert das Gleichgewicht und das kleine Haus rutscht ihm aus dem Arm und fällt zu Boden.

Emil ruft: »Lass es liegen! Wir müssen weiter, schnell!«

Aber Tobias denkt nicht daran! Ohne sein Haus geht er nicht heim! Er bückt sich, hebt es auf und sieht, dass das Dach beschädigt ist. Der Schornstein ist abgebrochen.

Macht nichts, denkt er. Es wird ja auch nicht mehr darin geheizt. Aber ihm schießen doch die Tränen in die Augen. Und der Opa und der Vater, die essen da auch nicht mehr drin. Aber es ist immer noch ein tolles Bahnwärterhaus.

»Komm endlich!«, ruft Emil von Weitem.

Da setzt Tobias sich das kleine Haus einfach auf den Kopf. Es sitzt wie ein Hut und wie ein Dach und er fühlt sich gut darunter. Und auf einmal

weiß er auch, dass er den Weg nach Hause finden wird.

»Die Dinos schlafen alle!«, ruft er Emil zu.

Da riecht er etwas Komisches. Seine Nase weiß sofort: Hier stinkt es wie an der Stelle, an der er das Haus gefunden hat. Und es ist wirklich die selbe Stelle! Da steht auch die Schubkarre im Mondlicht. Aber Emil will sie gar nicht mehr.

Jetzt wissen sie wieder, wo sie sind. Dort hinten geht es auf die Straße. Und da sind auch ihre Fahrräder.

Vulkane, Krater, Lava, Mondlandschaft und Dinos. Ziemlich viel Abenteuer auf einmal. Aber das Beste ist das kleine Haus. Tobias nimmt es vom Kopf und klemmt es auf den Gepäckträger. Dann radeln sie durch die Sommernacht nach Hause, mit dem Gefühl, Dinosaurier besiegt zu haben. Und der Mond glaubt's ihnen sogar.

Meine geschmückte Lena

Ich heiße Martina und kann auf meinen eigenen zwei Beinen gehen. Jetzt wundert euch bloß nicht, dass ich das so sage! Ja, ich weiß schon, dass ihr das auch könnt und dass es für euch doch das Normalste auf der Welt ist. Aber für meine Lena nämlich nicht.

Lena ist meine allerbeste Freundin und ich bin ihre allerbeste Freundin und Lena sitzt im Rollstuhl. Das ist für sie das Normalste auf der Welt, meistens jedenfalls. Denn sie ist noch nie in ihrem Leben einen einzigen Schritt auf ihren Beinen gegangen. Sie hat zwar auch zwei Stück davon, aber die gehen nicht. Sie tun es einfach nicht. Meine Mutter sagt, Lena hat diese Art von Beinen schon seit ihrer Geburt. So ist das bei manchen Menschen. In der Stadt habe ich auch schon ein paar Rollstuhlfahrer gesehen, die mit ihrem Rollstuhl selber in die Straßenbahn eingestiegen sind. Der Fahrer hat eine Rampe ausgeklappt und so konnte der Rollstuhl in die Bahn hineinfahren. Habt ihr das auch schon mal gesehen?

Später, wenn wir groß sind, werden Lena und ich ganz viele Reisen machen. Wir werden sogar mit dem Zug fahren. Ich werde den Schaffnern dann immer sagen, wann sie die Rampe für Lena ausklappen sollen. Aber bis dahin dauert es noch ein bisschen. Und jetzt haben wir erst mal was zu feiern: Erstkommunion nämlich. Und zwar übermorgen. Also nur noch zwei Nächte schlafen. Das geht.

Lena und ich werden beide das gleiche weiße Kleid tragen, ein sehr, sehr schönes. Sie trägt es im Sitzen und ich im Stehen.

Gestern war ich bei Lena und da hatten wir eine ganz tolle Idee. Wir waren in ihrem Zimmer und wollten malen, aber das ging nicht. Denn da hing das Kleid am Schrank und sah so schön aus, dass wir es immerzu anschauen mussten.

»Es ist weiß wie Schnee«, sagte Lena.

»Und es glänzt wie unsere neue Mikrowelle!«, sagte ich. Wir strichen mit den Fingern über den glatten Stoff und die wurden dabei ganz kribbelig.

Lena sagte: »Ich möchte das Kleid am liebsten auch noch nach der Erstkommunion anziehen!«

»Ich auch!«, sagte ich. »Aber ein Brautkleid wird ja auch nur an einem einzigen Tag von der Braut getragen. Danach hängt es im Schrank oder sonst wo.«

»Wie schrecklich!«, sagte Lena und krauste ihre Nase, wie sie es immer macht, wenn sie sauer ist.

Plötzlich haute sie mit der Faust auf die Armlehne von ihrem Rollstuhl und zwar ziemlich doll. Ich war ganz erschrocken, was denn jetzt in sie gefahren war, und schaute sie an. Da sah ich, dass sie Tränen in den Augen hatte.

»Was ist denn los, Lena?«, rief ich.

Lena schluckte und schnupfte und schluchzte wieder und wieder. Und dann sagte sie: »Ich möchte in dem Kleid gern richtig gehen können …«

Sie hatte eine ganz kleine Stimme, als sie das sagte, so klein, dass ich gleich ganz traurig wurde. Jetzt kenne ich Lena schon urlange und ich kenne sie nur in ihrem Rollstuhl, der pinkrosa ist und hinten Griffe zum Schieben hat. Der Rollstuhl fährt so gut und ich dachte immer, für Lena ist er das Normalste auf der Welt. Denn für mich ist Lena in ihrem Rollstuhl ganz und gar prima.

Ich will keine andere, nur diese hier. Ich fahre sie gern herum. Manchmal flitzen wir ganz, ganz schnell und schreien dabei vor Lachen. Aber jetzt sah sie wirklich so aus, als wäre sie wütend auf ihren Rollstuhl. Wütend auf dieses pinke Ding. Sauer auf diese blöden Räder statt Beine.

Ich wusste gar nicht, was ich sagen sollte. Erst mal wurde ich auch böse, als ich so auf den Rollstuhl schaute. Wie konnte er es wagen, meiner Lena die Freude auf die Erstkommunion zu verderben! Was fiel ihm ein! Jetzt hatte Lena schon zwei Beine und konnte doch nichts mit ihnen anfangen! Und das an so einem Festtag, wo wir alle in unseren Kleidern herumlaufen würden – und Lena!? Warum ging es so ungerecht zu mit ihren Beinen?

Ich wusste wirklich nicht, was ich sagen sollte. Das Einzige, was mir einfiel, war: »Mist!« Und das sagte ich dann. Mit winziger Stimme. Aber dann – auf einmal – fiel mir noch etwas anderes ein. Etwas ganz und gar anderes!

»Lena!«, rief ich und meine Stimme war jetzt riesig: »Lena, wir schmücken ihn!«

»Den Rollstuhl?«, fragte sie.

»Ja! Dann passt er noch besser zu deinem Kleid!«

Da sagte Lena: »Und ich weiß auch schon, womit!«

Und wisst ihr, was wir dann geholt haben, heimlich? Ich sag's euch: Wir sind ins Schlafzimmer von Lenas Eltern rübergerollt. Lena hat auf den Kleiderschrank gezeigt, den hab ich aufgemacht. Und herausgeholt habe ich den Brautschleier von Lenas Mutter. Den hat die bei ihrer Hochzeit getragen. Und jetzt hing er da ganz unnütz herum. Ein wunderschöner Schleier. Mit ganz vielen Rosen aus Stoff besteckt.

Schnell, schnell sind wir wieder in Lenas Zimmer gerollt und haben die Tür gut zugemacht. Und dann haben wir den Schleier um den Rollstuhl gewickelt. Ganz plustrig. Oben über die Griffe habe ich ihn drübergelegt und hinten um die Rücklehne und an den Seiten über die Armlehnen. Und Lena hat daran herumgezupft und -gezogen, bis all die Stoffrosen gut sichtbar waren. Es sah aus, als würde der Rollstuhl blühen wie ein weißer Busch. Das gefiel Lena und mir sehr gut.

Und dann sind wir ins Wohnzimmer, wo Lenas Mutter saß und schon Servietten für das Fest faltete. Sie ist aufgestanden vor lauter Staunen. Sie hat gelacht und sich gefreut und gesagt: »Oh, du Hochzeits-Lena!«

Wenn wir übermorgen zur Erstkommunion gehen und rollen, dann wird Lena in ihrem Kleid mitten im Rosenbusch sitzen und ich werde sie schieben.

Und ich glaube fast, Lena und ich, wir werden die Schönsten sein von allen.

Der Schulaufsatz

Fee schrieb einen Schulaufsatz »Warum ist es am Sonntag so schön?« Sie legte los: »Am Sonntag scheint immer die Sonne, und wenn nicht die Sonne scheint, ist es trotzdem Sonntag.

Am Sonntag regnet es manchmal den Sonntagsregen. Dann schaue ich durchs Fenster und träume, ich würde pitschepatschenass.

Am Sonntag ruht die Welt und wenn sie nicht ruht, dann ist Libori-Kirmes.

Am Sonntag hat Papa Zeit, im Fernsehen Autorennen zu gucken. Obwohl ich Autorennen langweilig finde, sitze ich manchmal neben ihm und fiebere mit. Am ersten Sonntag im Juli ist großer Seifenkistentag, dann kann Papa mal sehen, wie schnell seine Tochter um die Ecke saust.

Unser Nachbar Herr Paulson ist Arzt und muss manchmal sonntags arbeiten. Willi, sein Sohn, erzählte mir, dass sein Papa dafür am Montag freihat

Seifenkiste
Rennen
4. Juli
14.00
Rathaus

und sie deswegen am Montag so tun, als wäre Sonntag.

Wenn am Montag für mich Sonntag wäre, dann wäre Dienstag der erste Schultag und es wäre nicht mehr weit bis zum Wochenende.

Oma Turnschuh hat in der Küche ein Kreuz hängen, das schmückt sie am Sonntag mit Blumen, damit Jesus weiß, dass wir an ihn denken.

Herr Riese schläft sonntags gern lang, aber weil er weiß, dass meine Klasse im nächsten Kindergottesdienst ein Theaterstück aufführt, kommt er mit, um nichts zu verpassen.

Am Sonntag gibt es keine Post, weil die Briefträger am Sonntag nicht arbeiten und lieber in die Kirche gehen. Eigentlich könnten die Briefträger doch die Post dann mit in die Kirche nehmen. Wenn alle in die Kirche kämen, könnte man ihnen danach einfach ihre Post geben. Praktisch.

Im Frühling pflücke ich manchmal Blumen und stecke daraus für meine Mama eine Blumenkrone. Wenn meine Mama diese Blumenkrone aufhat, macht Papa davon ein Foto.

Im Winter baue ich mit meinem Vater eine Schneemannfamilie. In unserem Garten stehen dann Herr Schneemann und Frau Schneefrau und ihre drei Kinder. Daneben habe ich ein Schild

gestellt, auf dem steht: ›Große Schneemannausstellung. Einmal gucken: 10 Cent!‹

Am Sonntag streichle ich meine Meerschweinchen besonders lange.

Am Sonntag gehen wir in die Kirche und ich darf eine Kerze anzünden. Wir schweigen dann und denken an alle, die an diesem Tag nicht bei uns sind. Manchmal flackert die Kerzenflamme dabei so stark, dass man denken könnte, unsere Gedanken wären so wild wie der Wind.

Gott erschuf die Welt an sechs Tagen, am siebten beschloss er zu ruhen, kluger Gott.

Am Sonntag schmeckt der Kuchen sehr gut. Wenn wir Glück haben, backt Mama welchen und ich schlage dazu die Schlagsahne.

Einmal lag ich in der Hängematte und schaute zwei Igeln beim Tanzen zu. Ich dachte: ›Heute kann nur Sonntag sein‹, aber dann war es Dienstag, der nur besonders sonntäglich war.

Am Sonntag liege ich auch gern in der Hängematte. Manchmal strecke ich meine Arme in den Himmel und spüre, dass Gott in meiner Nähe ist.

Der Sonntag ist zu schön, um ihn mit Hausaufgaben zu verderben, deswegen habe ich diesen Aufsatz auch erst am Montag geschrieben und kann ihn erst am Dienstag vorlesen.«

Der traurige Zahnarzt

Immer wenn Jonas zum Zahnarzt muss, kriegt er vorher Bauchweh. Das ist vielleicht komisch! Dabei hat er dieses Mal extra schon drei Tage vorher aufgehört, Gummibärchen zu essen, damit sich seine Zähne bloß keine Löcher holen. Er hat fast gar nichts mehr gegessen, weil sein Appetit futsch war, nur noch saure Äpfel. Denn die Oma hat gesagt, Äpfel reinigen das Zahnfleisch. Aber natürlich hat er sich trotzdem noch die Zähne geputzt wie wild, viermal am Tag mindestens fünf Minuten.

Bernd, sein großer Bruder, hat gesagt: »Halt die Ohren steif, Kleiner! Das überlebst du schon!« Und Jonas hat auch das gemacht. Er hat die Ohren so steif gehalten, dass sie ganz hart wurden.

Es ist aber auch zu dumm, dass man die Löcher in den Zähnen nicht selber finden kann! Dann könnte Jonas sie vor dem Zahnarztbesuch selber stopfen, mit Knete oder so. Aber sosehr er auch mit weit aufgerissenem Mund vor dem Spiegel steht und alles absucht – er entdeckt die Löcher nie, die der Zahnarzt immer sofort sieht.

Das Bauchweh wird schlimmer und Jonas sagt zur Oma: »Ich glaub, ich bin krank. Ich geh mal lieber ins Bett.«

Da nimmt die Oma seinen Kopf zwischen ihre Hände und schaut ihm in die Augen.

»Nee, mein Junge, krank bist du nicht. Das ist bloß das Zahnarzt-Bauchweh!«, sagt sie. Was die Oma immer alles weiß … Da kann man nichts machen, schon gar nicht, wenn man erst neun Jahre alt ist! Bernd, der schon Mofa fährt, hat es gut. Der tut immer, was er will, und die Großen seufzen nur noch ab und zu hinter ihm her, mit rollenden Augen, mehr nicht. Aber er, Jonas, er muss sich alles gefallen lassen, vor allem vom Zahnarzt!

Am Donnerstagnachmittag ist es leider so weit. Jonas bleibt so lang es geht auf dem Klo. Aber auch die Uhr tut, was sie will, und Jonas starrt auf den fiesen großen Zeiger, der immer weiter vorrückt, und versucht noch einmal, die Ohren steif zu halten. Da klopft jemand an die Klotür.

»He, Kleiner«, sagt Bernd, »ich fahr dich schnell mit dem Mofa hin!«

Da traut sich Jonas raus. Bernd pufft ihn locker vor sich her, bis sie draußen vor der Garage sind. Hier steht das Mofa. Sie setzen sich die Helme auf. Dabei fühlt sich Jonas immer besonders stark, auch dieses Mal, und das Bauchweh wird schon etwas weniger.

Sie düsen die Straßen entlang. Jonas hält Bernds Rücken umklammert. Er könnte ewig so weiterfahren und er denkt daran, was Bernd neulich gesagt hat: dass Jonas das Mofa in ein paar Jährchen haben kann, nämlich dann, wenn Bernd sich eine große Yamaha kauft.

Der Zahnarzt wohnt in einer sehr hässlichen Straße. Das Haus sieht selbst schon wie ein Zahn aus – weiß mit Löchern, denkt Jonas, als er zu den Fenstern hinüberschaut, hinter denen der Bohrer sirrt.

»Ich hol dich nachher wieder ab!«, sagt Bernd und klopft ihm auf die Schulter. Jonas hält seinen Helm vor den Bauch, der sich schon wieder meldet. Bernd saust davon und winkt.

Jonas geht allein die Treppen hinauf. Das Wartezimmer ist voll, aber einen freien Stuhl gibt es noch. Jonas schnappt sich eine Motorradzeitschrift vom Tisch in der Mitte und setzt sich. Der Helm liegt auf seinen Knien. Das ist gut, denn dann sehen die anderen nicht, dass sie zittern.

Gleich auf der ersten Seite ist eine Yamaha abgebildet – und was für eine! Am liebsten würde er die Seite für Bernd herausreißen. Und er tut es einfach. Er faltet das Papier und steckt es sich vor allen Leuten in die Hosentasche. Da kommt die Sprechstundenhilfe und ruft ausgerechnet seinen Namen auf. Wo doch hier so viele andere Leute sitzen, die vor ihm da waren!

Er nimmt den Helm und geht in diesen Raum mit dem viel zu hellen Licht, blinzelt und klettert auf den Zahnarztstuhl. Jetzt bekommt er das dämliche Papierlätzchen umgebunden. Dann hört Jonas, wie der Plastikbecher neben ihm automatisch mit Wasser aufgefüllt wird. Das alles kennt er nur zu gut. Aber der Schmerz beim Bohren, der ist jedes Mal ganz neu und ganz schrecklich. Und eigentlich müsste man doch dabei die Zähne zusammenbeißen! Stattdessen immer dieses mühsame Maulaufsperren.

Ich bin doch kein Krokodil, denkt Jonas und drückt den Helm ganz fest auf seinen Bauch.

Der blöde Zahnarzt ist noch nicht da. Die Sprechstundenfrau sagt irgendetwas, aber Jonas' Ohren sind so steif, dass sie nichts hören.

Da geht die Tür auf. Ein weißer Kittel schlackert herein und darin steckt der Zahnarzt. Jonas schaut

zur Decke hinauf, aber da ist diese viel zu helle Lampe und blendet ihn. Und so macht er die Augen einfach zu und wartet.

»Guten Tag, Jonas. Wie geht's?«, sagt der Zahnarzt und streckt ihm die Hand hin.

»Gut«, sagt Jonas.

Sonst redet der Zahnarzt immer ganz viel, um Jonas abzulenken, aber heute ist er merkwürdig still. Er geht in eine Ecke und schreibt etwas auf eine Karte. Es dauert alles sehr lang. Jonas wundert sich schon. Da hört er, wie der Zahnarzt die Nase hochzieht. Und als er zu ihm hinschaut, sieht er, dass dem Zahnarzt ein paar Tränen übers Gesicht laufen.

Jonas ist so erstaunt, dass sein Mund automatisch aufgeht und aufbleibt. Was hat der Zahnarzt denn? Ob er selber Zahnweh hat und nicht weiß, wie er sich selber bohren soll? Aber das ist sicher Quatsch. Vielleicht hat er auch nur ein paar Zwiebeln geschnitten? Aber das ist sicher auch Quatsch. So was tut ein Zahnarzt doch nicht um diese Zeit.

Der Zahnarzt putzt sich die Nase und kommt her zu ihm.

»Mein Hund ist heute gestorben«, sagt er und seine Lippen zittern, so wie vorhin Jonas' Knie.

Dann nimmt er so einen hellgrünen Mundschutz und versteckt Mund und Nase dahinter. Seine Augen gucken traurig drüber weg.

»Mein Hamster ist auch tot«, sagt Jonas leise. »Er hatte einen Wurm.«

»Mein Hund war einfach schon uralt«, murmelt der Zahnarzt. Die Worte bleiben hinter dem Mundschutz stecken. Und als der Zahnarzt dann ein bisschen bohren muss, tut es viel weniger weh als sonst.

Draußen auf der Straße wartet Bernd mit einer Tüte Gummibärchen.

»Der Hund vom Zahnarzt ist gestorben«, sagt Jonas und steigt aufs Mofa. Und ab geht's.

Stina die Grosse

Stina ist ganz schön mutig. Die Jungs aus ihrer Klasse, die alle viel größer sind als sie, denken sich oft aus, wie sie Stina am besten ärgern können. Sie stellen sich zum Beispiel vor ihr auf, gucken von oben an ihr herunter, suchen mit den Augen den Fußboden ab und rufen dann: »Ach, da ist sie ja! Ich habe Stina gefunden!« Dann bücken sie sich und heben irgendwas Unsichtbares auf, das jedenfalls sehr winzig sein muss, denn sie balancieren es dann auf der Handfläche. Hannes hat es sogar mal heruntergepustet.

Es scheint ihnen viel Spaß zu machen, ausgerechnet Stina dafür auszuwählen. Wahrscheinlich, weil sie sich dann noch größer fühlen können. Und groß zu sein, das ist in Ordnung. Klein zu sein dagegen – da stimmt doch was nicht, oder?

Stina lässt sich aber nicht so einfach ärgern. Meistens lacht sie mit den Jungs mit und zwar am lautesten von allen. Sie findet deren komische Ideen sehr lustig. Und außerdem merkt sie, dass die Jungs schrumpfen, wenn sie mitlacht. Vielleicht liegt das aber auch daran, dass sie wächst, wenn sie lacht. Sie fühlt sich dann groß genug. Und das stimmt ja auch: Sie ist groß genug. So groß eben wie Stina.

Aber irgendwie lassen die Jungs nicht locker. Mit immer neuem Quatsch versuchen sie, Stina kleinzukriegen. Sie wollen wohl sehen, wann Stina aufgibt und zeigt, wie klein sie wirklich ist!

»Na, Stina, wann bist du denn heute Morgen aus deinem Mauseloch gekrabbelt?«, fragt Hannes und hält ihr ein Stück Käse vor den Mund.

»Bist du ein Kater oder warum fragst du so blöd?«, sagt Stina und hätte ihn am liebsten in den Finger gebissen.

Allmählich gefällt ihr das Ganze nicht mehr so gut. Und es tut ihr doch ein bisschen weh im Bauch. Da hilft alles Lachen nichts. Können die Jungs nicht mal zur Abwechslung die Petra ärgern? Die ist doch so groß und fällt genauso auf wie Stina, nur andersrum. Aber bei der trauen sich die Jungs nichts, denn Petra ist so stark, die könnte den Hannes direkt auf den Arm nehmen.

Stina überlegt, ob sie sich bei Frau Bingbein,

der Klassenlehrerin, beschweren soll. Aber eine Petze will sie auch nicht sein. Also hält sie ihren Mund.

Wenn Hannes mich das nächste Mal ärgert, knall ich ihm eine, denkt sie. Ohrfeigen austeilen – sie weiß, wie das geht. Und es juckt sie schon richtig in den Fingern, wenn sie Hannes nur anschaut.

Auf dem Heimweg kommt sie beim Spielwarengeschäft vorbei und bleibt wie immer vor dem Schaufenster stehen. Dort entdeckt sie etwas. Da ganz an der Seite. Aber was, das wird noch nicht verraten! Das ist nämlich jetzt Stinas Geheimidee.

Stina hüpft fröhlich im Zickzack nach Hause und rennt in ihr Zimmer, zur Fensterbank, wo ihre Spardose steht. Die wird jetzt kräftig geschüttelt und das gibt ein prima Geräusch. Schön voll hört es sich an. Genug gespart! Jetzt will Stina endlich auch was von dem Geld kaufen.

Sie schaut auf die Uhr. Es ist noch genug Zeit bis zum Mittagessen. ›Wenn man so etwas kaufen will, dann muss man es gleich tun‹, denkt Stina, ›sonst ist jemand anderes schneller!‹

Aber niemand ist jetzt schneller als Stina. Sie flitzt durch die Straßen, und als sie vor dem Schaufenster anhält, guckt sie sich die Sache noch einmal lange an. Von oben bis unten, von unten bis oben. ›Das ist viel besser als eine Ohrfeige‹, denkt sie, ›und das hält auch länger!‹

Dann geht sie in das Geschäft und gibt ihr ganzes Geld dafür aus. Wofür? Das wird immer noch nicht verraten!

Stina trägt es nach Hause und stellt es in den Garten. Und gleich nach dem Mittagessen fängt sie an zu üben. Den ganzen Nachmittag übt sie und dann kann sie es, und zwar ziemlich gut und schnell …

Am nächsten Morgen passiert Folgendes:

Die ganze Schulklasse sitzt schon da zur ersten Unterrichtsstunde. Nur Stina fehlt noch. Frau Bingbein schreibt etwas an die Tafel. Da klopft es plötzlich an der Tür.

»Ja, bitte!«, ruft Frau Bingbein.

Aber niemand kommt herein. Stattdessen klopft es wieder, laut und polterig.

»Hannes, könntest du bitte mal die Tür öffnen«, sagt Frau Bingbein. Sie wischt sich ihre Kreidefinger am Tafellappen ab, aber die werden dadurch noch weißer.

Hannes geht und öffnet die Tür.

Da steht Stina und ist riesengroß und schaut von oben herab auf Hannes.

»Na, Kleiner?«, sagt sie.

Jetzt endlich soll das Geheimnis verraten werden:

Stina hat sich ein Paar Stelzen gekauft!

Hannes steht da und staunt und grinst. Stina schiebt ihn mit ihrem neuen, langen Holzbein aus dem Weg und stelzt zu ihrem Platz. Tock-tock-tock macht Stina die Große.

Die Kinder kichern. Frau Bingbein weiß nicht, was sie sagen soll. Sie wischt sich noch immer die Finger am Tafellappen ab.

Dann springt Stina herunter und legt die Stelzen neben sich auf den Fußboden.

»Da bist du ja mitten in der Nacht gewachsen!«, meint Frau Bingbein.

In der Pause auf dem Schulhof zeigt Stina den anderen, wie's geht. Sogar Hannes darf mal probieren und er stellt sich gar nicht so dumm an. Fünf Schritte schafft er, ohne das Gleichgewicht zu verlieren.

»Nicht schlecht, Kleiner!«, sagt Stina zu ihm. Er grinst. Er grinst eigentlich nur noch, denn ihm fallen plötzlich keine Ärgereien mehr ein. Und außerdem ist Stina einfach riesig!

Am nächsten Tag haben sich noch mehrere andere Kinder Stelzen gekauft. Sie gehen alle neben-

einander auf dem Schulhof herum und gucken sich die Welt von oben an. Wie klein alle von hier oben aussehen! Sogar die Petra ist winzig!

Und dann veranstalten sie ein Stelzen-Wettrennen über den Schulhof, von einem Mülleimer zum nächsten. Die anderen Kinder schauen zu und klatschen. Viele kleine Stelzenspuren drücken sich in den Sand des Schulhofs. Fast hätte Hannes gewonnen, aber nur fast. Eine war eben doch noch schneller: Stina die Große.

Britta haut ab

Britta wohnt am Meer. Ihre Eltern haben ein großes Fischgeschäft und oben drüber wohnt die Familie. Ganz unten im Keller stehen die Kühltruhen. Abends, wenn das Geschäft geschlossen hat, räumt die Mutter den übrig gebliebenen Fisch in die Truhen, all die Makrelen, die Schollen, die Barsche und auch die kleinen Krabben, die Britta so gerne isst. Britta hilft der Mutter manchmal dabei. Aber nur manchmal und nicht, wenn gerade Sommer ist. Im Sommer will Britta nämlich immerzu draußen am Wasser sein. Am Fischerhafen oder am Strand, das ist egal, Hauptsache am Wasser. Sie hat ein eigenes Netz, mit dem sie oft im Wasser herumläuft und Krebse fängt.

Heute Morgen hat sie gleich drei Krebse im Netz gehabt. Die hat sie der Mutter stolz ins Geschäft gebracht. »Mama, die kannst du verkaufen«, hat sie gesagt. Aber die Mutter war so beschäftigt, dass sie die Krebse gar nicht richtig angeschaut hat. Da war Britta ziemlich enttäuscht. Und dann ist am Abend noch was passiert:

Britta kommt müde vom Strand nach Hause. Nach den drei Krebsen hat sie nichts mehr gefangen. Und dann hat es auch noch angefangen zu regnen. So was Doofes!

Jetzt muss sie ins Haus, wo ihre Brüder Christoph und Markus nur mit dem langweiligen Computer spielen und nie mit ihr.

Britta schaut kurz im Geschäft vorbei, wo noch ein paar Kunden stehen. Sie nascht mit den Fingern ein paar Krabben und ihre Mutter sagt scharf, damit es die Kunden auch hören: »Du sollst doch die Gabel benutzen!« Dieses Mal sagt sie es besonders scharf.

Britta wird noch saurer, als sie es ohnehin schon ist. Sie geht in den Keller hinunter und hört dem Summen der Kühltruhen zu. Die sind wenigstens nicht unfreundlich zu ihr. Durch das Kellerfenster sieht sie den Regen draußen. ›Alles ist blöd‹, denkt sie.

Der Vater kommt, lädt eine Kiste Heringe ab, sagt: »Was machst du denn hier?«, und geht wieder.

»Nichts!«, sagt Britta laut und deutlich zu den

Kühltruhen. »Außerdem willst du das ja sowieso nicht wissen! Also frag nicht so dämlich!«

Dann kommt die Mutter und fängt an, die Vorräte einzuräumen. »Komm, Britta, hilf mir mal!«, sagt sie.

Britta hilft ihr zwar, aber sie sagt dabei keinen Ton. Und die Mutter merkt es nicht einmal. Sie räumt und räumt bloß und beugt sich tief über die Truhen.

›Fall doch rein!‹, denkt Britta.

Schließlich ist die Arbeit erledigt. Britta verschwindet nach oben und setzt sich vor den Fernseher.

Als sie am nächsten Tag von der Schule kommt, steht die Mutter am Herd und kocht Fischsuppe. Britta hasst Fischsuppe. Auch das noch!

»Britta! Du hast gestern Abend eine der Kühltruhen nicht ordentlich zugemacht!« Die Mutter schimpft. »Jetzt ist das Eis getaut und wir können den Fisch nicht mehr verkaufen. Papa und ich sind sehr ärgerlich auf dich!«

Jetzt reicht es Britta aber. »Das war ich doch gar nicht!«, schreit sie und schmeißt den Schulranzen auf den Fußboden. Dann rennt sie wütend hinaus, die Treppen hinunter und zum Hafen.

Dort steht eine Hütte, in der alte Boote und

kaputte Netze liegen. Es ist eine wunderbare Hütte, in die selten jemand kommt. Man kann sich gut darin verstecken.

›Man kann hier sogar wohnen‹, denkt Britta, ›und das werde ich ab jetzt auch tun‹.

Sie bleibt den ganzen Nachmittag dort. Dann muss sie dummerweise aufs Klo. Sie geht in das Café an der Ecke. Und bei der Gelegenheit fragt sie Tante Tilde, die dort verkauft, ob sie ein Stück Kuchen haben kann, ein großes.

Das reicht erst mal bis morgen. Dann werde ich Fische fangen, beschließt Britta.

Sie sitzt in der Hütte oben auf einem Boot und schaut aus dem Fenster. Hier gibt es viel zu sehen. Und langweilig wird ihr gar nicht.

Dann fängt es an zu regnen und Britta singt ein Regenlied.

›Es ist viel schöner, allein zu wohnen als mit der Familie‹, denkt sie und isst den Kuchen. Richtig gemütlich ist ihr zumute. Und außerdem ist es ein starkes Gefühl, sich zu rächen.

Die anderen machen sich bestimmt schon Sorgen um sie. Sollen sie doch! Keiner wird auf die Idee kommen, sie hier zu suchen.

Allmählich wird es dunkel. Britta merkt, dass sie keine Kerze dabeihat. Aber sie findet eine alte

Decke in der Ecke. Sie legt sich in ein Boot und deckt sich zu. Ein bisschen hart ist es schon. Die Decke riecht nach Fisch. Das erinnert sie an zu Hause. Ihr wird plötzlich wehmütig. Fast fängt sie an zu weinen. Aber dann denkt sie an die groben Ungerechtigkeiten dort und sofort ist sie wieder sauer genug, um es hier ganz okay zu finden.

›Nie wieder gehe ich heim‹, denkt sie und schläft ein.

Aber nur eine kleine Weile. Dann wacht sie wieder auf, denn da miaut es vor ihrer Tür. Britta klettert aus dem Boot. Wie dunkel es ist! Durch das kleine Fenster kommt nur ein bisschen Licht von einer Hafenlampe. Sie öffnet die Tür. Eine Katze schlüpft herein und schmiegt sich an ihre Beine.

Britta freut sich sehr, dass sie Gesellschaft bekommen hat, und nimmt die Katze auf den Arm. Gemeinsam kuscheln sie sich ins Boot. Die Katze schnurrt laut.

»Du bist lieb!«, flüstert Britta. Und weil die Katze jetzt ihre Augen aufmacht und sie so anschaut, als wolle sie wissen, warum Britta hier im Boot liegt anstatt daheim im Bett, beginnt Britta ihr zu erzählen, wie alles gekommen ist.

»Die sind alle so gemein!«, schluchzt sie zum Schluss und die Katze streckt sich, bis sie ganz lang wird.

Plötzlich hört Britta ein Geräusch an der Tür. Erschrocken setzt sie sich im Boot auf und nimmt die Katze in der Dunkelheit ganz fest in den Arm.

Was war das? Wenn das ein Einbrecher ist? Sie und die Katze könnten ihn kratzen, aber ob das ausreichen würde, um ihn zu vertreiben? Brittas Herz klopft. Die Katze schnurrt noch lauter.

»Psssst!«, flüstert Britta ihr ins Ohr.

Da öffnet sich die Tür und jemand steckt den Kopf herein.

»Tante Tilde!«, ruft Britta erleichtert.

»Kind, hier bist du!«, sagt Tante Tilde. »Deine Eltern suchen dich schon überall und haben mich angerufen und gefragt, ob ich dich gesehen habe! Da dachte ich, ich schau mal hier nach!«

Sie kommt her und lehnt sich an das andere Boot.

»Ich wohn jetzt hier«, sagt Britta leise. Und dann erzählt sie Tante Tilde alles ganz genau, so wie zuvor der Katze, die ihr noch einmal aufmerksam zuhört.

»Oh, ich verstehe«, sagt Tante Tilde, als sie fertig ist. »Das Leben kann scheußlich zu einem sein.«

»Vor allem in Form von Eltern«, meint Britta.

»Ja, ich weiß.« Tante Tilde nickt.

Sie sind eine Weile still. Britta denkt daran, wie der Vater ihr neulich die Gummistiefel geklebt hat. Und wie die Mutter ihr aus Spaß mit der Zahnbürste den Hintern versohlen wollte. Wieso fällt ihr das denn jetzt gerade ein? Sie ist doch sauer. Die Katze klettert auf dem Bootsrand herum.

»Und jetzt möchtest du hier wohnen bleiben?«, fragt Tante Tilde.

»Ach«, seufzt Britta, »eigentlich nicht. Aber ich weiß doch nicht, wo ich das saure Gefühl hintun soll, das mir die ganze Zeit im Bauch herumspukt.«

»Ich spuck meines immer ins Hafenwasser«, sagt Tante Tilde.

Britta staunt. »Geht das? Und dann?«

»Dann sag ich den Leuten, dass ich mich geärgert habe und worüber und dass das alles jetzt in Gottes Meer hinausschwimmt.«

Die Katze springt vom Boot herunter und flitzt aus der Tür.

Britta weiß jetzt, was sie machen will. Wenn das funktioniert, was Tante Tilde da gesagt hat, dann will sie das zumindest mal versuchen. Schaden kann es ja nicht. Spucke hat sie genug.

»Warte hier«, sagt sie zu Tante Tilde.

Draußen an der Hafenmole bläst ein kalter Wind. Die Fischerboote schaukeln auf dem Wasser und machen schöne Schwapp-Geräusche. Ein paar Lampen brennen.

Britta spuckt. Aber es hilft noch nicht genug. Also noch einmal. Und sie denkt dabei an all die großen Gemeinheiten.

»Tante Tilde«, sagt sie, als sie in die Hütte zurückgeht. »Jetzt möchte ich nach Hause. Kommst du mit?«

Es begann in Assisi

Assisi war eine Stadt mit starken Mauern. Sie lag auf einem Hügel. Zwischen den Häusern gab es genügend Platz für Bäume und Gärten. Wer die hellen Gassen betrat, wusste sofort: Hier lebt man gut, hier kann man fröhlich sein.

Das wusste auch Pietro Bernardone. Er zählte zu den Reichen und Angesehenen in Assisi und betrieb einen großen Tuchhandel. Der Kaufmann kam viel herum. Besonders gern reiste er nach Frankreich. Dort kaufte er seine Stoffe ein.

1181 oder 1182 – ganz genau wissen wir es nicht – wurde der erste Sohn von Pietro Bernardone geboren. Seine Mutter, Piça Bernardone, nannte ihn Giovanni. Als der Vater von einer Handelsreise heimkehrte, ließ er den Namen ändern. Von nun an hieß der Sohn nach dem Lieblingsland des Vaters:

Francesco – der kleine Franzose.

Oder Franziskus.

Die Eltern verwöhnten ihren Sohn. Er trug die feinsten Kleider und feierte wilde, laute Feste. Mit seinen Freunden ging er auf die Jagd. Weil er so gut singen und tanzen konnte, bewunderten ihn die anderen jungen Leute.

Franziskus war schmal, fast zierlich. In seinem Gesicht leuchteten dunkle Augen und zogen die Menschen geheimnisvoll an. Er hatte eine klare, sanfte Stimme. Wenn er sprach, hörten alle zu.

Das Leben war bunt für Franziskus, er kannte keine Sorgen. Dann, plötzlich, änderte sich alles.

Zwischen den Städten Assisi und Perugia kam es zum Krieg. Der Sohn des Tuchhändlers ließ sich vom Vater wie ein Edelmann ausstatten. Stolz ritt er auf einem kostbaren Pferd, seine prunkvolle Rüstung glänzte.

Aber nichts davon blieb ihm. Das kleine Heer aus Assisi wurde vernichtend geschlagen. Franziskus geriet in Gefangenschaft. Erst nach einem Jahr konnte ihn sein Vater freikaufen. Mit Sorge sah er, dass der Sohn ein anderer geworden war. Vergeblich versuchte Franziskus, wie früher zu leben.

Es gelang ihm nicht mehr. Lange Zeit lag er krank zu Hause.

Als es ihm endlich besser ging, bat er den Vater: »Lass mich mit Pilgern nach Rom ziehen.« Pietro Bernardone freute sich darüber. Das tut ihm gut, dachte er. Diese Stadt, die voller Leben ist, bringt meinen Sohn auf andere Gedanken …

Doch er täuschte sich. Vor den Kirchen, in denen Franziskus beten wollte, hockten Scharen von Bettlern. So viele Arme hatte er nie zuvor gesehen. Sie waren mit Lumpen bedeckt und streckten ihm ihre Hände entgegen. Dabei klagten sie laut.

Franziskus erschrak. Kurz entschlossen streifte er den Mantel ab, zog den Leinenkittel und die

weichen Lederstiefel aus. Er tauschte seine feinen, teuren Kleider mit den zerrissenen Kleidern eines Bettlers. Dann setzte er sich zu den Hungrigen und bat die Vorübergehenden um eine Gabe.

Zum ersten Mal sah er den Geiz in den Gesichtern der Reichen. Und zum ersten Mal spürte er, wie sich die Menschen fühlten, die kein Dach über dem Kopf und kein Brot im Schrank hatten.

Daheim machte ihm der Vater heftige Vorwürfe. Sein Sohn, der sich auf einmal um die Verachteten kümmerte, war ihm fremd geworden. Pietro Bernardone wollte nicht glauben, was er über Franziskus gehört hatte.

»Du trägst mein Geld sogar zu den Kranken«, schimpfte er. Es klang enttäuscht und böse. Warum ekelte sich Franziskus nicht vor den Geschwüren der Aussätzigen? »Andere reiten am Spital vorbei. Aber du steigst von deinem Pferd und verbindest ihre Wunden!«

Während sein Vater immer wütender wurde, schwieg Franziskus. Noch wusste er nicht, wohin ihn sein Weg führen würde.

Eines Tages betrat er das Kirchlein von San Damiano. Es lag vor den Toren der Stadt und war in einem trostlosen Zustand. Durch das morsche Dach sickerte der Regen, der Verputz blätterte von den Mauern. Als Franziskus zum Beten niederkniete, hörte er eine Stimme.

»Siehst du nicht, wie mein Haus verfällt? Stell es wieder her«, bat sie ihn.

So etwas kostet Geld. Viel Geld! Franziskus überlegte nicht lange. Eilig ritt er zurück und verkaufte auf dem Markt sein Pferd mit Sattel und Zaumzeug. Anschließend holte er aus dem Laden des Vaters einen Stoffballen, für den er ebenfalls einen Käufer fand.

Als Pietro Bernardone davon erfuhr, wurde er rasend vor Zorn. Er sperrte den Sohn ein, er flehte ihn an wieder vernünftig zu werden, er schlug ihn sogar. Aber Franziskus zeigte keine Reue.

Da verklagte Pietro Bernardone den Sohn beim Bischof. Franziskus war nicht nur ungehorsam, er hatte ihn auch bestohlen. Dafür musste er zur Rechenschaft gezogen werden, dafür sollte er büßen.

Bischof Guido ließ die beiden kommen. Vor dem Dom trafen sie sich. Der ganze Platz war voll von Neugierigen. Vergeblich versuchte der Bischof zwischen den Streitenden zu schlichten.

»Gib zurück, was mir gehört!«, schrie Pietro Bernardone.

Auf einmal verschwand Franziskus in der Kirche. Gleich darauf kehrte er nackt zurück. Er legte seine Kleider zu Füßen des Vaters nieder, auch das Geld, das er für den Stoffballen und für das Pferd mit Sattel und Zaumzeug bekommen hatte.

Pietro Bernardone schaute den Sohn nicht mehr an. Still hob er alles auf und ging.

Jetzt hatte Franziskus seinen Vater endgültig verloren. Ein Diener des Bischofs hängte ihm einen alten Mantel um. So verließ er die Stadt. Von nun an wird mich der Vater im Himmel beschützen, dachte er. Gott lässt mich nicht allein.

Weil Franziskus kein Geld mehr besaß, bettelte er Balken, Steine und Mörtel für San Damiano zusammen. Unermüdlich baute er an der kleinen Kirche. Sein Eifer wirkte ansteckend. Bald halfen ihm ein paar Bürger aus Assisi. So dauerte es nicht lange, bis das Gotteshaus in frischem Glanz erstrahlte.

Auch um die Kapelle Santa Maria di Portiuncula, die abgeschieden im Wald lag, kümmerte sich Franziskus. Dort gefiel es ihm am besten, dort konnte er wie ein Einsiedler leben. Nur selten ging er in die Stadt und bat um Brot.

Manchmal warfen ihm die Bürger halb verfaulte Speisereste zu. Sie verspotteten den Sohn des reichen Bernardone. »Seht ihn an, er geht barfuß«, sagten sie, »und er trägt eine braune, schäbige Kutte.«

Dann dachte Franziskus: Auch Jesus sandte seine Jünger ohne Gold und Silber in die Welt hinaus. Sie besaßen keine Schuhe und nahmen nichts mit, nicht einmal einen Wanderstab, auf den sie sich stützen konnten.

Nach einer Weile sprach sich herum, was der kleine, arme Franziskus tat. Immer mehr junge Männer verließen ihre Familien und schlossen sich ihm an. Franziskus nannte seine Freunde »Minderbrüder«. Wie Bettler sollten sie leben. Er untersagte ihnen in Steinhäusern zu wohnen. Deshalb errichteten sie Lehmhütten neben der Portiuncula, so hieß das Kirchlein beim Volk.

Die Brüder pflegten Kranke, Alte und Gebrechliche. Sie halfen den Bauern auf den Feldern und verlangten keinen Lohn dafür, nur etwas zu essen. Franziskus schickte sie in alle Himmelsrichtungen, damit sie den Menschen von Gott erzählten.

Auch der Mann aus Assisi zog durch das Land. Wenn er irgendwohin kam, liefen die Leute zusammen. Franziskus aber stellte sich in den Schatten eines Baumes und predigte.

Manchmal erfüllte ihn dabei eine große Freude. Dann nahm er zwei Stöcke: Den einen hielt er wie eine Geige in der linken Hand, den anderen wie einen Bogen in der rechten. Und er strich mit dem Bogen über die Geige und fiedelte und sang so ausgelassen, dass alle, die ihn sahen, zu lächeln begannen.

So fand der Narr Gottes Zugang zu den Herzen der Menschen.

Es gibt viele Geschichten über den kleinen Mönch und seine Brüder: fröhliche und traurige, friedliche und zornige, weise und verrückte. Die schönsten dieser Geschichten erzählen von der Liebe des Heiligen zur Schöpfung und zu den Geschöpfen.

Was Gott erschaffen hatte, das wollte der Mann aus Assisi mit der ganzen Kraft seines Herzens bewahren und beschützen.

Die Vogelpredigt

Überall in den Dörfern und in den Städten sprach Franziskus von der Liebe Gottes zu den Menschen. So war es auch in Savurnia. Bruder Angelo und Bruder Masseo begleiteten ihn dabei.

Die Bewohner des Burgfleckens wunderten sich über den kleinen Mönch, der in seiner armseligen Kutte vor ihnen stand und zu predigen begann. Franziskus sah so dünn aus. Am liebsten hätten sie ihn zum Essen in ihre Häuser eingeladen. Aber seine Augen leuchteten und seine Stimme hielt sie fest und zwang sie zum Zuhören.

Nur die Schwalben schienen unbeeindruckt von dieser Stimme. Sie saßen auf den Dächern ringsum und zwitscherten so laut, dass sie Franziskus übertönten. Eine Weile ließ er sich den fröhlichen Lärm gefallen. Dann sagte er: »Bitte, meine Geschwister, seid jetzt still, weil ich zu den Menschen reden möchte.«

Sofort verstummten die Schwalben. Aufmerksam streckten sie ihre Köpfe vor und lauschten, während Franziskus sprach. Mit den Zuhörern staunten auch Angelo und Masseo. Später erzählten sie allen, die es wissen wollten, dass dem Mann aus Assisi sogar die Schwalben gehorchten.

Noch am gleichen Tag zogen der Heilige und die beiden Brüder weiter durch das Spoleto-Tal. In der Nähe von Bevagna entdeckten sie auf den Bäumen am Wegrand einen riesigen Vogelschwarm. Nie zuvor hatten sie so viele Ringeltauben, Krähen und Dohlen gesehen. Auch Elstern und Eichelhäher saßen in den Zweigen. »Der Friede Gottes sei mit euch«, rief Franziskus voller Überraschung zu ihnen hoch und breitete die Arme weit aus.

Jetzt hat er die Vögel erschreckt, gleich werden sie davonfliegen, dachte Angelo und Masseo dachte dasselbe. Doch sie täuschten sich. Anstatt ängstlich fortzuflattern ging der Schwarm auf einem Feld in der Nähe von Franziskus nieder. Dort warteten die Vögel, ohne sich zu rühren oder den geringsten Laut von sich zu geben. So still war es, dass sogar der Wind aufhörte zu wehen.

In diese Stille hinein sprach Franziskus. »Meine gefiederten Freunde«, sagte er zu den Vögeln, »der

Vater im Himmel muss euch besonders lieben. Denn er gab euch die Freiheit, überallhin zu fliegen. Die Luft ist eure Heimat. Während wir auf der Erde bleiben müssen, steigt ihr zum Himmel empor und schwebt mit ausgebreiteten Flügeln im Sonnenlicht. Vom gütigen Gott, der für euch sorgt, habt ihr ein Federkleid bekommen. Ihr sät nicht, ihr erntet nicht und leidet doch keinen Hunger und keinen Durst. Denn überall gibt es Körner, überall gibt es Quellen für euch. Der Allmächtige erschuf das Felsengebirge und die hohen Bäume. Dort könnt ihr ungestört eure Nester bauen. Glaubt mir, er liebt euch! Deshalb lobt ihn allezeit.«

Kaum hatte Franziskus seine Predigt beendet, reckten die Vögel ihre Hälse und öffneten ihre Schnäbel. Dazu schlugen sie mit den Flügeln, als wollten sie bestätigen, was das Mönchlein gesagt hatte. Franziskus aber wanderte zwischen ihnen umher. Obwohl er sie mit seiner Kutte streifte, blieben sie furchtlos sitzen.

Erst als er die Vögel segnete, erhoben sie sich. Ein Rauschen ging durch die Luft, während sie nach Osten und Westen, nach Süden und Norden flogen.

So zeichneten sie ein großes Kreuz in den Himmel.

»Warum habe ich den Gefiederten nicht schon

früher gepredigt?«, fragte Franziskus seine Gefährten. Er machte sich Vorwürfe. Von nun an redete er mit allen Geschöpfen und bat sie, ihrem Schöpfer zu danken.

Sogar die Blumen forderte er dazu auf.

Und die Steine ebenfalls.

Das große Geschichtenbuch zur Erstkommunion
ISBN 978 3 522 30235 7

Einband- und Innenillustrationen: Isabelle Dinter
Einbandtypografie: Michael Kimmerle
Texttypografie: Prill Partners producing
Schrift: Palatino und HenryHand
Reproduktion: Photolitho AG, Gossau / Zürich
Druck und Bindung: Livonia Print, Riga

Die enthaltenen Geschichten sind erschienen:
Herr Riese spielt Ball und *Der Vaterunser-Wettbewerb* In: Erwin Grosche, Felicitas, Herr Riese und das Vaterunser © 2005
Der Schulaufsatz In: Erwin Grosche, Felicitas, Herr Riese und die zehn Gebote © 2003
Laura und Dominik und *Laura lädt ein* In: Lene Mayer-Skumanz, Gott, ich hab einen Tipp für dich © 2002
Von Maike, Herrn Klomm und andere Neuigkeiten und *Marie ist nicht allein* In: Tanja Jeschke, Ein Jahr mit Marie. Zwölf Geschichten zu den Jahreszeiten und Kirchenfesten © 2005
Es begann in Assisi und *Die Vogelpredigt* In: Erich Jooß, Franziskus und das Lied der Lerche © 2003
Alle anderen Geschichten In: Tanja Jeschke, Das neue Geschichtenbuch zur Erstkommunion © 2010

6 5 4 3 2° 11 12 13 14

www.gabriel-verlag.de